山东省农业生产率增长潜力与农业供给质量提升机制研究

刘宗明　石文慧　著

山东大学出版社
SHANDONG UNIVERSITY PRESS
·济南·

图书在版编目 (CIP) 数据

山东省农业生产率增长潜力与农业供给质量提升机制研究 / 刘宗明, 石文慧著. -- 济南 : 山东大学出版社, 2023.11

ISBN 978-7-5607-7879-2

Ⅰ. ①山… Ⅱ. ①刘… ②石… Ⅲ. ①农业生产—劳动生产率—研究—山东②农业改革—研究—山东 Ⅳ. ①F327.52

中国国家版本馆CIP数据核字（2023）第135191号

责任编辑　邵淑君
封面设计　王秋忆

山东省农业生产率增长潜力与农业供给质量提升机制研究
SHANDONG SHENG NONGYE SHENGCHANLV ZENGZHANG QIANLI YU NONGYE GONGJI ZHILIANG TISHENG JIZHI YANJIU

出版发行　山东大学出版社
社　　址　山东省济南市山大南路20号
邮政编码　250100
发行热线　（0531）88363008
经　　销　新华书店
印　　刷　济南新科印务有限公司
规　　格　787毫米×1092毫米　1/16
　　　　　11印张　160千字
版　　次　2023年11月第1版
印　　次　2023年11月第1次印刷
定　　价　45. 00元

前 言

乡村振兴战略是党的十九大提出的重大战略。习近平总书记在参加十三届全国人大一次会议山东代表团审议时，就山东省乡村振兴健康有序发展作出重要批示，要求山东充分发挥农业大省优势，打造乡村振兴的齐鲁样板。山东省是我国农业大省，粮食产量位居全国第三，蔬菜产量稳居第一。2021年2月25日，国家乡村振兴局成立，山东省在此时提高农业发展水平，对山东乃至全国的乡村振兴都具有重要意义。

2018年，山东省推进乡村振兴战略，以实际行动打造齐鲁样板、建设美丽乡村，制定了《山东省乡村振兴战略规划（2018—2022年）》。在实现乡村振兴的过程中，重视“三农”问题对于解决城乡发展不平衡、要素不平等交换问题起着关键性作用，并且有利于山东省推动农业高质量发展，培育农村发展新动能，转变为农业强省。

山东省在实施乡村振兴战略上既有天然的优势，也有义不容辞的责任。然而，山东省与国外发达国家和地区相比仍有差距，而且山东省各地区农业发展水平不一，各地区有其自身独特的发展情况，因此不能直接套用其他省份的经验。在国家实施乡村振兴战略的大环境下，山东省不同地区的农业发展应该如何与其配合，农业发展如何借助乡村振兴的力量并将自己融入乡村振兴中，是山东省现阶段应该着重思考的问题。

山东省不仅是中国粮食的主产区之一，2022年农业总产值、农业增加值均居全国首位，还是农产品进出口贸易大省，2018年农产品出口总额1150.3亿元，占全国出口总额的24%，连续20年居全国首位。山东省农业生产力的增长主要依靠投入驱动和资源再配置，但农业经济的增长主要依靠生产要素的投入，这种“粗放型”的经济发展方式不再符合中国农业可持续发展的要求。另外，山东省农业经济还存在其他一些问题，比如阶段性供给问题、农业经济发展结构问题、与其他产业融合问题、农村环境和生态问题等。

本书基于山东省农业发展现状，在分析山东省农业发展影响因素的基础上，评价了农业全要素生产率，并在资源错配框架中估计了农业生产率的发展潜力。最后通过构建农业供给质量体系，讨论了山东农业供给质量问题并提出了农业供给质量提升机制。对农业生产效率潜在损失和发展潜力的估计以及对农业供给质量体系的研究和评估都很好地体现了本书的特色。

本书共十章：第一章讨论研究背景与意义和国内外研究现状、研究内容与方法等；第二章分析了农业生产率和高质量发展的相关理论与概念；第三章描述了山东省农业发展现状；第四章实证分析了山东省农业发展影响因素；第五章讨论了山东省农业区域差异化发展策略；第六章估计与评价了山东省农业全要素生产率；第七章分析了山东省农业全要素生产率增长潜力；第八章构建了山东省农业供给质量评价体系；第九章对山东省农业供给质量水平进行了测度；第十章讨论山东省农业供给质量提升机制。全书约16万字，其中12万字由第一作者刘宗明撰写完成，其他由第二作者石文慧撰写完成。

本书是山东省社科规划项目（项目批准号：19BJCJ69）研究成果。在项目研究和本书写作过程中，我指导的中国石油大学（华东）经济管理学院经济系本科生、硕士生协助进行了大量调查和研究，为本书的研究数据、研究素材和研究结果作出了很多贡献。这些优秀的学生包括李钰幸、吴炳硕、曾馨慧等。虽然这些学生中有些已经毕业了，但是他们认真学习和工作的样子给我留下了深刻印象。我指导的硕士研究生马欣同学在书稿编辑过程中也付出了辛勤的努力。另外，我们在写作过程中研读和参考了其他学者的研究成果，由于篇幅所限可能并未在参考文献中全部列出，在此向这些学者们表示感谢。

鉴于作者学识水平和知识有限，书中难免存在错误和不足之处，恳请读者批评指正。

刘宗明

2023 年 4 月

目　录

第一章

绪论

本章详细介绍了山东省农业经济研究的背景与重要性。作为我国传统的农业大省，山东省在华东地区乃至全国的农业发展规划中都具有重要的经济地位和战略意义。本章首先介绍了近年来山东省农业发展采取的诸多举措与发展状况，对所作研究的实际意义进行了初步阐述；其次，详细梳理了国内外众多学者的经典文献著作，对农业全要素生产率的研究现状进行了系统介绍，鉴于相关研究存在的不足向读者展示本书的独特之处；最后，简单总结了研究内容与所用研究方法。

一　研究背景与意义

（一）研究背景

2017 年 12 月，中央农村工作会议指出，要建立符合中国市场经济要求的农村集体经济运行机制，把推进农业供给侧结构性改革作为主线，加快推进农业农村现代化，并提出要实施乡村振兴战略，探索乡村发展的新模式。

党的十九大报告着重强调了“三农”问题的重要性，农业、农村、农民问题是关系到国计民生的根本性问题，而乡村振兴战略正是破解这一问题的“金钥匙”。山东省自古以来是农业大省，是我国首个农业总产值过万亿元的省份，包括肉、蛋、奶在内的多种农副产品产值也连续多年稳居全国首位，在我国农业发展中占有至关重要的地位。习近平总书记在参加十三届全国人大一次会议山东代表团审议时强调，要深刻认识实施乡村振兴战略的重要性和必要性，扎扎实实把乡村振兴战略实施好，要求山东充分发挥农业大省优势，打造乡村振兴的齐鲁样板。

2018 年，山东省推进乡村振兴战略，以实际行动打造齐鲁样板，建设美丽乡村，制定了《山东省乡村振兴战略规划（2018—2022 年）》。在实现乡村振兴的过程中，重视“三农”问题对于解决城乡发展不平衡、要素不平等交换问题起着关键性作用，并且有利于山东省推动农业高质量发展，培育农村发展新动能，转变为农业强省。

实施乡村振兴战略是因为与城市相比，乡村是我国发展的一个薄弱环节，农村发展不充分，城乡发展不平衡。这些问题导致收入分配不平衡、需求不足，从而影响我国整体经济发展。乡村振兴战略是国家制定的发展战略，是现阶段巩固脱贫攻坚成果的必然要求，不仅要把农民“扶上马”，还要“送一程”。乡村振兴内容丰富，涵盖产业振兴、文化振兴、人才振兴、组织振兴等，其共同发挥作用，保障乡村振兴战略的顺利实施。

乡村是具有自然、社会、经济特征的地域综合体，兼具生产、生活、生态、文化等多重功能，与城镇互促互进、共生共存，两者共同构成人类活动的主要空间。实施乡村振兴战略，包括坚持党管农村工作，坚持农业、农村优先发展，坚持农民主体地位，坚持乡村全面振兴，坚持城乡融合发展，坚持人与自然和谐共生，坚持因地制宜、循序渐进等内容。实施乡村振兴战略，是解决新时代我国社会主要矛盾、实现“两个一百年”奋斗目标和中华民族伟大复兴的中国梦的必然要求，具有重大的现实意义和深远的历史意义。

山东省作为我国的农业大省，在实施乡村振兴战略上既有天然的优势，也有义不容辞的责任。然而，山东省虽然是我国的农业大省，但与国外发达国家和地区相比仍有差距，而且山东省各地区农业发展水平不一，各地区有其自身独特的发展情况，因此不能直接套用其他地区的经验。在国家实施乡村振兴战略的大环境下，山东省不同地区的农业发展应该如何与其配合，农业发展如何借助乡村振兴的力量并将自己融入乡村振兴中，是山东省现阶段应该着重思考的问题。

山东省不仅是中国粮食的主产区之一，2022 年农业总产值、农业增加值均居全国首位，还是农产品进出口贸易大省，2018 年农产品出口总额 1150.3 亿元，占全国出口总额的 24%，连续 20 年居全国首位。山东省农业生产力的增长主要依靠投入驱动和资源再配置，但农业经济的增长主要依靠生产要素的投入，而这种粗放型的经济发展方式已不再适应中国农业可持续发展的要求。另外，山东省农业经济还存在其他一些问题，比如阶段性供给问题、农业经济发展结构问题、与其他产业融合问题、农村环境和生态问题等。

而农业全要素生产率（Total Factor Productivity，TFP）是衡量农业经济高质量增长的重要指标，对山东省农业全要素生产率的测算，有利于山东省农业生产要素的优化配置、农业科技水平的提升和乡村振兴战略的推进实施，从而能够有力地推动山东省农业高质量发展。

乡村兴则国家兴，人民日益增长的美好生活需要和不平衡不充分的发展之间的矛盾在乡村体现得更为明显，全面建成小康社会，最广泛、最深厚的基础在农村，最艰巨、最繁重的任务在农村，最大的潜力和后劲也在农村。[①] 以乡村振兴战略统领未来国家现代化进程中的农业和农村发展，是解决我国发展不平衡不充分问题、满足人民日益增长的美好生活需要的要求。[②]

① 参见杜志雄、朱思柱：《抓住农业农村主要矛盾　加快推进乡村全面振兴》，《东岳论丛》2018 年第 8 期。

② 参见叶兴庆：《新时代中国乡村振兴战略论纲》，《改革》2018 年第 1 期。

廖彩荣等认为，要实现乡村振兴，就要让“人”“地”“钱”等核心关键要素充分涌动起来。[①]许多学者对这一观点持认同态度，并从发展教育、乡村旅游、农村金融等多个方面展开了研究。余应鸿以教育扶贫为切口，剖析农村教育扶贫成效不显著的原因，并提出建立精准的教育扶贫对象识别机制，通过教育提升扶贫对象的自我发展能力，从而帮助农村贫困人口实现脱贫，进而助力乡村振兴的实现。[②]银元等认为，乡村旅游应按照乡村振兴战略的总体要求，在产业定位、空间开发、主客交流、运行机制、经济效益等方面进行相应的调整，并通过乡村旅游的提升发展推进乡村振兴战略的深入实施。[③]李创等认为，农村金融应重在精准识别对象，精准分配任务，精准落实政策。[④]

综观这些举措，发展教育和提供金融支持具有普适性，其效用在实践中得到了证明。如郴州市苏仙区通过采取网络联校的方式提升乡村学校教学质量，实施“点菜式”培训以提高农民的种植、养殖技术，全力服务乡村振兴。安徽亳州市蒙城县通过完善乡村信用体系建设引导金融资源向乡村汇聚，以助力乡村振兴。但无论是发展教育还是农村金融，其对于乡村振兴的实现而言仅是一种机制支持，想要真正地实现乡村振兴，内核还是发展产业。

随着我国经济的高速发展，第三产业尤其是旅游业得到了极大的提升，如千岛湖凭借“天下第一秀水”的美誉大力发展旅游产业，并辅以精准的营销策略和科学的管理手段，探索出了一条生态旅游发展的“千岛湖之路”，引得其他许多地区纷纷效仿。但并非所有的乡村都具有得天独厚的自然资源，盲目效仿所带来的同质化反而不利于乡村发展，因而对于更多的乡村而言，

---

① 参见廖彩荣、陈美球：《乡村振兴战略的理论逻辑、科学内涵与实现路径》，《农林经济管理学报》2017 年第 6 期。

② 参见余应鸿：《乡村振兴背景下教育精准扶贫面临的问题及其治理》，《探索》2018 年第 3 期。

③ 参见银元、李晓琴：《乡村振兴战略背景下乡村旅游的发展逻辑与路径选择》，《国家行政学院学报》2018 年第 5 期。

④ 参见李创、吴国清、巩欢：《农村金融改革视角下江苏省精准扶贫创新研究——基于江苏农村商业银行的 SWOT 分析》，《农村经济与科技》2018 年第 11 期。

通过立足农业、发展产业以实现乡村振兴才是最普遍的道路。在党的十九大报告提出的农村发展目标中，产业兴旺被放在了第一要位，因此当研究乡村振兴问题时，产业发展尤其是农业发展应是重中之重。农业发展离不开农业供给，农业高水平的供给质量是农业发展和乡村振兴的基础，所以在分析山东省农业全要素生产率的基础上进一步研究如何衡量农业的供给质量及探寻其提升机制就变得十分必要。

（二）研究意义

推进农业供给侧结构性改革是当前和今后我国农业政策改革和完善的主要方向，提升农业供给质量则是农业供给侧结构性改革的主要内容。如今，我国经济已进入高质量发展阶段，总量不足不再是农业的主要矛盾，这就要求更好地满足“质”的需求，突出解决好结构性问题，向高质量农业供给体系转变。

高质量农业供给体系不仅在产出形态上表现为提供更多的优质农产品和服务，还表现为供给结构对需求结构具有高度适应性，供给与需求能够在高水平实现平衡并形成良性循环。高质量农业供给体系具有高匹配性、高效益、高效率、可持续性强等显著特征。高匹配性是指农业生产结构、产品结构能够有效地满足个性化、多元化、不断升级的消费需求；高效益是指通过农业产业链提升和多功能拓展，能够创造更大的经济效益、更多的增值收益；高效率是指劳动力、资本、土地、技术、数据等要素投入质量高，而且能够自主有序流动、高效公平配置；可持续性强是指农业生产系统与自然生态系统有机耦合，资源环境可承载农业长期持续发展。所谓“农业供给质量”，并非单一地指产品质量或农业发展带来的农民增收，它不仅体现在产品本身、农民增收和消费者效用上，还体现在对社会经济、生态环境等的诸多影响上，但如今国内外学者对农业供给的研究聚焦于食品安全或者可持续发展和农民收入的改善上，对农业供给质量进行的更详尽的体系化研究较少。

从理论层面来说，大多数学者更多的是关注农产品出口对国内生产总值（Gross Domestic Product，GDP）增长的影响，较多研究从投入产出的角度来测算农业全要素生产率，而本书考虑了要素配置对农业全要素生产率的影响，并研究农产品出口对农业全要素生产率的影响。

从现实层面来说，山东省作为农业大省，提高农业生产效率对农业供给侧结构性改革和农业经济发展有重要作用，有利于实行质量兴农战略，有利于实施城乡统筹的乡村振兴战略，建立资源节约型、环境友好型农业生产体系，推进美丽乡村建设。

本书在分析山东省农业发展现状和农业全要素生产率的基础上，试图通过构建较为完备的农业供给质量评价体系，对农业供给质量进行系统化的研究，再通过将“农业供给质量”这一概念拆解为农业物理供给质量、农业经济供给质量、农业社会供给质量，并分别构建回归模型，阐述各市之间农业供给质量存在差异的原因，以期为今后山东省农业供给质量的提升提供一些思路，并试图填补对农业供给质量的体系化研究的空白。

二　国内外研究现状

（一）国内外研究现状概述

1. 生产要素与农业发展

1770年，英国农学家和经济学家阿瑟·扬（Arthur Young）在《农业经济学》一书中提出按照资本主义大农场追逐利润最大化的形式来组织农业生产①，因此被认为是农业经济学的创始人。约翰·海因里希·冯·杜能

---

① Young A, *Rural Oeconomy*, London: J. Exshaw, 1770: 7-44.

（Johann Heinrich von Thünen）在《孤立国同农业和国民经济的关系》一书中提出了农业集约理论和农业生产位置配置理论。[①] 1953 年，厄尔·黑迪（Earl Heady）在《农业生产经济学与资源利用》一书中，将数量经济学与统计学的最新成果应用于农业生产函数并提出了相关的概念。[②] 土地流转对农业发展也起着关键作用，张学海对寿光土地流转进行了调研，对寿光积累的经验与遇到的问题进行了阐述。[③] 蔡慧敏对土地流转持谨慎态度，认为推进土地流转是发展适度农业的必然选择，但要注意保护农民的利益。[④] 陈超然等的视角比较独特，其指出土地确权可以有效地减少土地租赁市场的交易摩擦，从而提高土地生产力。[⑤]

1964 年，西奥多·舒尔茨（Theodore Schultz）提出人力资本理论，认为人力资本应该被看作和实物资本一样的生产要素，并且提出蕴含在人力资本中的质量改进是经济增长中不可忽视的部分。[⑥] 1979 年，舒尔茨获得诺贝尔经济学奖也与该理论方面的研究分不开。人力资本投入方面，1993 年，奈特（Knight）与伊斯拉姆（Islam）提出存在人力资本陷阱，当人力资本投入达到一定程度后，反而会阻碍农业经济的发展。[⑦] 另外，农业人口流失问题也引起一些学者的关注。史新杰的研究结果表明，城乡人口流动提高非农收入进而提高农业生产率的效应不足以抵消劳动人口流失带来的负面影响，政府

① von Thünen J H, *The Isolated State,* Oxford: Pergamon Press, 1966: 98-126.

② Heady E, *Economics of Agricultural Production and Resource Use*, New Jersey：Prentice-Hall, 1952: 21-90.

③ 参见张学海：《土地流转助力农业规模经营——山东寿光农村土地流转的实践探索》，《中国集体经济》2012 年第 27 期。

④ 参见蔡慧敏：《乡村振兴背景下农村土地流转政策梳理》，《农业经济》2018 年第 10 期。

⑤ Chen C R, Restuccia D, Santaeulalia-Llopis R, “The Effects of Land Markets on Resource Allocation and Agricultural Productivity”, *Review of Economic Dynamics*, 2022, 45: 41-54.

⑥ Schultz T W, “Investment in Human Capital”, *American Economic Review*, 1961,51 (1): 1-17.

⑦ Knight M，Loayza N，Villanueva D, “Testing the Neoclassical Theory of Economic Growth: A Panel Data Approach”, *IMF Staff Papers*, 1993,40 (3)：512-541；Islam N, “Growth Empirics: A Panel Data Approach”, *The Quarterly Journal of Economics*, 1995,110 (4)：1127-1170.

应该鼓励农民将非农收入投入农业生产中。[①] 针对这个问题，王钿等的研究表明，农地确权与农村发展会显著提高农民代际传承意愿。[②] 刘书成等指出，乡村振兴要提高农民的内生发展能力，留住乡村实用人才。[③]

产生于新古典经济理论发展时期的索洛模型指出，外生的技术进步可以促进经济增长，其中不受资本与劳动影响的由技术进步导致的综合要素生产率所带来的经济增长被称作“索洛剩余”。1986 年，保罗·罗默（Paul M. Romer）提出内生经济增长模型，将内生的技术进步引进模型，内生的技术进步可以带来人力资本与生产技术的改进，从而促进经济增长。[④] 基思·富格利（Keith Fuglie）对比了世界范围内不同国家的农业研发支出对农业全要素生产率的影响，发现农业研发的溢出效应普遍存在，但发展中国家的农业研发投入对农业生产溢出效应的弹性与发达国家相比仍有差距。[⑤] 托马斯·巴莱恩蒂斯（Tomas Baležentis）等指出，农业劳动产出率的增长主要是由土地生产力的提高导致的，数据包络分析表明，如果达到完全的技术效率，可以使土地劳动产出率提高 40%。[⑥] 农业科技发展方面，不同学者从不同视角进行了研究。蔡永阳等根据土地与人口的增长提出，最优的研发策略是直到 21 世纪中叶应该加快农业研发投入速度，在此之后再减慢。[⑦] 崔锐则指出，创

---

① Shi X , “Heterogeneous Effects of Rural-urban Migration on Agricultural Productivity: Evidence from China”, *China Agricultural Economic Review*, 2018, 10(3):482-497.

② 转引自王钿、王晓琼、刘国勇:《乡村振兴背景下农户农业代际传承意愿研究》,《农业经济》2021 年第 4 期。

③ 参见刘书成、崔迪:《农村劳动力再就业问题在乡村振兴中的重要作用》,《农业与技术》2021 年第 8 期。

④ Romer P M. “Increasing Returns and Long-run Growth” , *Journal of Political Economy*, 1986, 94(5):1002-1037.

⑤ Fuglie K O, “R & D Capital, R & D Spillovers, and Productivity Growth in World Agriculture”, *Applied Economic Perspectives and Policy*, 2018, 40(3):421-444.

⑥ Baležentis T , Li T X, Chen X L, “Has Agricultural Labor Restructuring Improved Agricultural Labor Productivity in China? A Decomposition Approach”, *Socio-Economic Planning Sciences,* 2021, 76(1):100967.

⑦ Cai Y Y, Golub A A , Hertel T W , “Agricultural Research Spending Must Increase in Light of Future Uncertainties”, *Food Policy,* 2017, 70:71-83.

新要素是农业科技协同创新的基础，其关键在于资源整合与激发活力。[①]

财政补贴能够在一定程度上冲抵生产要素的成本，从而推动农业生产率提高和农业发展。张天佐等提出，财政补贴从价格补贴向直接补贴转型可以提高农民的生产积极性。[②] 孙红霞指出，由于资源禀赋不同，山东省中西部应该加大财政支出的力度。[③] 陈丽菊等指出，政府采购型的农产品目标区政策只能确保稳住制造品的价格，而价格补贴型的农产品目标区政策只能确保稳住农产品批发的价格。[④] 许经勇认为，实施乡村振兴战略的关键是要深化财政体制改革，公共财政向“三农”倾斜。[⑤]

综上所述，虽然当前的研究成果很丰富，研究视角也有很多，但对山东省的农业研究主要是对某一生产要素的分析或者农业发展水平的评价，较少涉及不同地市之间的横向比较。另外，不同研究因区域划分、时间差异以及研究视角的区别，得出的研究结论也有所不同，较少提及乡村振兴背景下山东各区域的具体发展策略。因此，对山东省农业发展差异化策略的研究仍有较大的空间。

2. 产业结构、组织模式与农业发展

1672 年，威廉·配第（William Petty）提出三类产业的人均收入水平不等，呈梯度上升。[⑥] 1940 年，科林·克拉克（Colin Clark）在配第研究的基

---

① 参见崔锐：《乡村振兴战略背景下我国农业科技协同创新的动力机制与现实路径》，《农业经济》2021 年第 2 期。

② 参见张天佐、郭永田、杨洁梅：《基于价格支持和补贴导向的农业支持保护制度改革回顾与展望》，《农业经济问题》2018 年第 11 期。

③ 参见孙红霞：《山东省财政支农支出对农业经济增长贡献的地区差异研究——基于 17 地市及三大经济区域面板数据分析》，《乡镇经济》2008 年第 10 期。

④ Chen L J , Hu S W, Wang V , et al. , “The Effects of Purchasing and Price Subsidy Policies for Agricultural Products under Target Zones”, *Economic Modelling*, 2014, 43: 439-447.

⑤ 参见许经勇：《实施乡村振兴战略　深化财政体制改革》，《农业经济与管理》2019 年第 6 期。

⑥ Petty W, *Several Essays in Political Arithmetick*, London: Printed for Robert Clavel and Henry Mortlock, 1699: 35-67.

础上提出，劳动力会随经济的发展向第二和第三产业转移。① 1964 年，西蒙·史密斯·库兹涅茨（Simon Smith Kuznets）在人均收入影响理论中提出，随着经济的增长，不仅农业占 GDP 的比重会降低，而且农业从业人口也会减少。② 可持续发展理论提出了公共性、持续性与共同性三大原则，并指出经济发展要与环境承载能力相适应。海伦娜·鲁巴（Helena Rouba）以波兰农业为基础指出食品加工行业与原材料供应地在地理位置上应该紧密相邻，这样可以促进集约化农业发展。③ 张培刚提出，发展中国家要想发展，必须着重发展农村，确保农村现代化稳步推进，并且指出农业产业结构优化是促进农业发展的根本。④ 肖小虹认为，过去过度地开采自然资源造成了生态破坏，不利于未来经济的发展，应该建设生态文明，建设资源节约型社会。⑤ 蒋和平等提出，乡村振兴战略下农业产业化的出路在于新型的农业生产、供给、经营体系。⑥ 陈兢认为，农村地区电子商务的发展对产业集聚具有较强的推动作用。⑦

张维海对公司、农户、合作社之间不同的组织模式进行了梳理，认为生产组织模式的关键在于建立风险共担、利益共享的机制。⑧ 李武等认为，小

---

① Clark C, *The Conditions of Economic Progress*, London: Macmillan, 1940: 490-521.

② Kuznets S S. “Quantitative Aspects of the Economic Growth of Nations: IX. Level and Structure of Foreign Trade: Comparisons for Recent Years” , *Economic Development and Cultural Change*, 1964, 13(1)：1-106.

③ Rouba H , “Functions of the Food-processing Industry in Promoting the Development of Agricultural Regions in Poland”, *European Review of Agricultural Economics*, 1983, 10(3):249-269.

④ 参见张培刚:《〈创新激励与经济发展〉评介》,《经济学动态》2002 年第 7 期。

⑤ 参见肖小虹:《民族地区农业产业结构调整的生态战略研究——以黔东南苗族侗族自治州为例》,《贵州民族研究》2010 年第 4 期。

⑥ 参见蒋和平、郭超然、蒋黎:《乡村振兴背景下我国农业产业的发展思路与政策建议》,《农业经济与管理》2020 年第 1 期。

⑦ 参见陈兢:《乡村振兴视角下电子商务发展对农业产业集聚的影响——以广西为例》,《商业经济研究》2021 年第 8 期。

⑧ 参见张维海:《发展山东农业的策略思考》,《山东省农业管理干部学院学报》2002 年第 6 期。

农经济向农村集体经济转变是必然，这样可以有效地提高土地经营规模、农民组织化程度与市场话语主导权。① 马伦·伊利斯·巴赫克（Maren Elise Bachke）以莫桑比克的数据为例进行分析后得出，加入农业组织可以使小农户的收入平均增加 15%，更为贫困的小农户的收入则可以增加 20%。② 刘玉婷等对淄博市的研究呈现了一种可以效仿的休闲农业发展模式。③

3. 全要素生产率与产业发展

罗伯特·默顿·索洛（Robert Merton Solow）在提出全要素生产率（TFP）这一概念之后，TFP 成为研究经济可持续发展的一个重要的定量评估指标。④ 约翰·肯德里克（John W. Kendrick）提出，要全面体现生产效率的变化，就要把经济产出和全部的生产要素联系起来。⑤ 爱德华·丹尼森（Edward F. Denison）在此基础上改进了索洛余值测算方法。戴尔·乔根森（Dale W. Jorgenson）采用超越对数生产函数的形式解释 TFP 的变动率，将要素投入分解为质量、数量两个部分。⑥ 20 世纪 50 年代后出现的“东亚奇迹”使关于全要素生产率和经济可持续发展的研究逐渐成为学者的研究热点。保罗·克鲁格曼（Paul R. Krugman）对 1960 年后的东亚新型工业化国家的经济增长进行研究后发现，其增长主要依靠的是大量劳动力和资本，而不是技

---

① 李武、钱贵霞:《农村集体经济发展助推乡村振兴的理论逻辑与实践模式》,《农业经济与管理》2020 年第 1 期。

② Bachke M E , “Do Farmers’ Organizations Enhance the Welfare of Smallholders? Findings from the Mozambican National Agricultural Survey”, *Food Policy*, 2019, 89(4): 101792.

③ 参见刘玉婷、陈泮江、宋淑玲等:《生态循环农业技术模式探究——以山东省淄博市为例》,《农业与技术》2020 年第 17 期。

④ Solow R M , “Technical Change and the Aggregate Production Function”, *Review of Economics and Statistics*, 1957, 39(3):312-320.

⑤ Kendrick J W , *Productivity Trends in the United States*, Princeton: Princeton University Press, 1961: 59-130.

⑥ Jorgenson D , Gollop F , Fraumeni B , *Productivity and U.S. Economic Growth*, Cambridge:Harvard University Press, 1987: 31-69.

术进步。速水佑次郎（Yujiro Hayami）等对日本的农业 TFP 进行了研究。① 马克·罗斯格兰特（Mark Rosegrant）等指出，印度等地区的农业推广和农业科技进步促进了 TFP 的提高。② 另外，对美国全要素生产率进行的研究也很多，比如罗伯特·扎卡里·劳伦斯（Robert Zachary Lawrence）对美国制造业中进口与 TFP 的影响进行了研究。③ 大卫·基思·兰伯特（David Keith Lambert）等对美国农业 TFP 进行了研究。④

国内学者也对中国的 TFP 展开了研究。林毅夫等利用 C-D 生产函数分析得出 1978—1988 年中国农业产出增长 42.33% 是由于 TFP 的增长。⑤ 王志刚等运用随机前沿模型对 1978 年以来中国中部、东部、西部地区间的生产效率进行了研究。⑥ 涂正革等研究了工业行业的 TFP 增长趋势，并将生产率增长分解为前沿技术进步、配置效率、相对前沿技术效率的变化以及规模经济性四大因素。⑦ 郑京海等运用随机前沿模型研究了 1978 年之后中国中部、东部、西部地区生产效率的变化趋势。⑧ 郭庆旺等对中国 TFP 的波动趋势进行了分析，认为改革开放之后中国经济增长方式主要是投入型增长方式，增长率低的主要原因是技术进步率较低、各种生产要素配置不合理。⑨

---

① Hayami Y , Ruttan V W , "Factor Prices and Technical Change in Agricultural Development: The United States and Japan, 1880—1960", *Journal of Political Economy*, 1970, 78(5):1115-1141.

② Rosegrant M W , Evenson R E , "Agricultural Productivity and Sources of Growth in South Asia", *American Journal of Agricultural Economics*, 1992, 74(3):757-761.

③ Lawrence R Z , Weinstein D E , "Trade and Growth: Import Led or Export Led? Evidence from Japan and Korea", *NBER Working Paper Series*, 1999:10.3386.

④ Lambert D K , Parker E , "Productivity in Chinese Provincial Agriculture", *Journal of Agricultural Economics*, 2010, 49(3):378-392.

⑤ 参见林毅夫、苏剑:《论我国经济增长方式的转换》,《管理世界》2007 年第 11 期。

⑥ 参见王志刚、龚六堂、陈玉宇:《地区间生产效率与全要素生产率增长率分解（1978—2003）》,《中国社会科学》2006 年第 2 期。

⑦ 参见涂正革、肖耿:《中国的工业生产力革命——用随机前沿生产模型对中国大中型工业企业全要素生产率增长的分解及分析》,《经济研究》2005 年第 3 期。

⑧ 参见郑京海、胡鞍钢:《中国改革时期省际生产率增长变化的实证分析（1979—2001 年）》,《经济学》2005 年第 1 期。

⑨ 参见郭庆旺、赵志耘、贾俊雪:《中国省份经济的全要素生产率分析》,《世界经济》2005 年第 5 期。

TFP 和要素投入是推动经济增长的主要动力，而资源配置效率的提高会提高总体的 TFP，资源错配则会导致 TFP 产生损失。关于资源错配理论的研究，经典的如谢长泰（Chang-Tai Hsieh）等的研究，他们创建了一个垄断竞争模型，将中国和印度的边际产出与美国相对比，形成了一套系统的理论分析框架，指出当采用美国的资源配置结构时，中国的 TFP 收益将增长 30%—50%，印度的 TFP 收益将增长 40%—60%。① 阿比吉特·班纳吉（Abhijit Banerjee）等在 2005 年和 2010 年的研究中，通过一个带有信贷约束的简单资本积累模型说明了处在扩展边缘的错配可能会有持续性，而处在密集边缘的错配应该逐渐消失，资本要素错配导致了地区和部门间资本边际收益的差距。② 如果中国能有效地配置资本这一资源，那么在不牺牲经济增长的情况下投资强度可以降低 5%。③

国内关于资源错配的研究主要关注行业之间或行业内的错配情况及错配对经济的影响两个方面。袁志刚等研究了行业之间劳动力错配对 TFP 的影响。④ 陈永伟等推广了 Syrquin（赛尔昆）分解，研究了中国制造业内部多个行业之间的资源错配情况，计算出了制造业内部实际产出与潜在产出的差值，提出资源的配置效应对 TFP 的增长推动力是有限的，而且主要是份额效应在推动 TFP 的增长。⑤ 袁富华从宏观上将错配定义为劳动力或资本发生了向低效率服务业的过快演进，因而导致了整体经济的无效率及相应

---

① Hsieh C T , Klenow P J , "Misallocation and Manufacturing TFP in China and India", *MPRA Paper*, 2007, 124(4):1403-1448.

② Banerjee A V, Duflo E, "Growth Theory through the Lens of Development Economics", *SSRN Electronic Journal,* 2004: 10.2139.

③ Dollar D, Wei S J , "Das (Wasted) Kapital: Firm Ownership and Investment Efficiency in China", *Imf Working Papers*, 2007, 7: 13103.

④ 参见袁志刚、解栋栋:《中国劳动力错配对 TFP 的影响分析》,《经济研究》2011 年第 7 期。

⑤ 参见陈永伟、胡伟民:《价格扭曲、要素错配和效率损失——理论和应用》,《经济学》(季刊)2011 年第 4 期。

的问题。[①] 曹玉书等引入错配系数，去除资源错配因素后分解实际技术进步产生的效果，发现资源错配会影响长期的生产组合，并解释了资源错配与经济转型之间的关系。他们研究发现，剔除资源错配对经济增长产生的影响，我国 GDP 每年平均可增长 0.9%。[②] 陈永伟等指出，资本和劳动的错配对产业结构失衡有持久性影响。[③] 韩剑等利用 HK 模型研究发现，行业内资源错配的主要影响因素有政府财政补贴、金融发展的约束等，而行业间资源错配的主要原因是劳动力流动管制和金融约束。[④] 靳来群等运用谢长泰和皮特・克莱诺（Peter Klenow）的经典模型发现，中国现有的企业所有制导致了两倍以上的经济损失，其中劳动要素错配约占 1 倍，资本要素错配占 50%，此研究涉及制造业、农业、金融业等各个领域。[⑤] TFP 常被用来解释各国、各地区、各行业之间的经济差距，比如谢长泰和克莱诺指出，不同国家 TFP 存在差异的决定性因素是不同行业和公司的投入分配不当。[⑥] 迭戈・雷斯图恰（Diego Restuccia）等研究发现，世界上最富有的国家和最贫穷的 5% 的国家之间总劳动生产率的因子差异为 10.8，形成这种差异的主要原因是经济生产力的差异、农业现代中间投入的障碍、劳动力市场的障碍等导致的生产要素配置的扭曲。[⑦] 青木周平（Shuhei Aoki）运用一个基于多部门模型的会计框架来衡量资源配置不当对总生产率的影响，并指出日本

---

① 参见袁富华:《长期增长过程的“结构性加速”与“结构性减速”——一种解释》,《经济研究》2012 年第 3 期。

② 参见曹玉书、楼东玮:《资源错配、结构变迁与中国经济转型》,《中国工业经济》2012 年第 10 期。

③ 参见陈永伟、胡伟民:《价格扭曲、要素错配和效率损失——理论和应用》,《经济学》2011 年第 4 期。

④ 参见韩剑、郑秋玲:《政府干预如何导致地区资源错配——基于行业内和行业间错配的分解》,《中国工业经济》2014 年第 11 期。

⑤ 参见靳来群、林金忠、丁诗诗:《行政垄断对所有制差异所致资源错配的影响》,《中国工业经济》2015 年第 4 期。

⑥ Hsieh C T , Klenow P J , “Development Accounting”, *American Economic Journal Macroeconomics*, 2010, 2(1):207-223.

⑦ Restuccia D , Yang D T , Zhu X , “Agriculture and Aggregate Productivity: A Quantitative Cross-country Analysis”, *Journal of Monetary Economics*, 2008, 55(2):234-250.

和美国的总生产率的差异中有 9% 归因于资源配置不当。①

现有的对中国各全要素生产率的研究主要是测算 TFP，指出地区差异，从而针对中国经济可持续发展提出建议。例如，胡永泰的测算结果表明，1979—1993 年 TFP 增长对 GDP 增长的贡献率为 1.1%—3.6%。② 中国农业 TFP 增长的特点主要有三：一是增长方式以技术为主导；二是受整体经济发展的影响，存在明显的阶段性波动；三是空间上呈现中部、东部、西部增长不平衡态势。周端明发现，从改革开放到 2005 年，中国农业 TFP 呈 U 形演进并存在各个区域间发展不均衡的现象。③ 韩海彬等认为，中部、西部地区的粗放型增长相对于东部地区更加严重。④ 郑京海等认为，粗放型增长之后，中国进行了多次改革，提高了短期的生产率，但要获得 GDP 的持续高速增长，还是要依靠 TFP 的增长。⑤ 李谷成发现，未来中国农业发展依靠的是技术、效率“双驱动”模式⑥，但中国总体上各个行业的生产率增长没有呈现出“双驱动”模式⑦。

对于中国 TFP 增长的原因，学界持有三种观点。第一种观点是 TFP 增长主要依靠技术进步，而不是技术效率的提高。陈卫平研究发现，1990—2003 年的农业技术进步指数增长了 5.48%，农业技术效率指数降低了

① Aoki S , “A Simple Accounting Framework for the Effect of Resource Misallocation on Aggregate Productivity”, *Journal of the Japanese & International Economies,* 2012, 26(4):473-494.

② 参见胡永泰:《中国全要素生产率——来自农业部门劳动力再配置的首要作用》,《经济研究》1998 年第 3 期。

③ 参见周端明:《技术进步、技术效率与中国农业生产率增长——基于 DEA 的实证分析》,《数量经济技术经济研究》2009 年第 12 期。

④ 参见韩海彬、赵丽芬:《环境约束下中国农业全要素生产率增长及收敛分析》,《中国人口 · 资源与环境》2013 年第 3 期。

⑤ 参见郑京海、胡鞍钢:《中国改革时期省际生产率增长变化的实证分析（1979—2001 年）》,《经济学》2005 年第 1 期。

⑥ 参见李谷成:《技术效率、技术进步与中国农业生产率增长》,《经济评论》2009 年第 1 期。

⑦ 参见李谷成、冯中朝:《中国农业全要素生产率增长：技术推进抑或效率驱动——一项基于随机前沿生产函数的行业比较研究》,《农业技术经济》2010 年第 5 期。

2.78%。[①] 全炯振测算了中国 1978—2007 年各省份、三大地区的 TFP 变化指数及分解指数，得出结论：农业生产率增长的主要原因是技术进步而非效率的提高。[②] 李静等指出，中国农业 TFP 增长的唯一原因是技术进步，规模效应、投入混合产出效应对其增长几乎没有影响，而技术效率对其增长有反作用。[③] 李尽法等认为，技术进步是影响 TFP 的决定性因素，纯技术效率和规模效率的共同作用对 TFP 的影响效果不明显。[④] 张乐等发现，中国农业经济增长的主要障碍是农业技术效率损失严重，技术进步、物质资本积累是中国农业经济增长的潜力来源，农业技术效率改善给农业总产出增长带来的基本上是负效应。[⑤] 李谷成运用生产率指数分析方法对 TFP 的作用效果进行分解。[⑥]

这些研究普遍是测算技术进步指数和技术效率指数对 TFP 增长的作用，从而得出结论：技术进步是促进 TFP 增长的重要因素，而不是技术效率的提高，技术效率甚至对 TFP 增长有反作用。但此类研究忽视了资源错配对 TFP 的影响，只从技术进步和技术效率两个层面进行了阐述。

第二种观点是资源的再配置是中国 TFP 发生变化的真正原因，劳动力的再配置提高了生产效率，从而提高了 GDP 增长率，而生产资源的错配会导致 TFP 降低。约翰·麦克米兰（John McMillan）等的研究发现，从 1978 年到

---

① 参见陈卫平:《中国农业生产率增长、技术进步与效率变化——1990—2003 年》,《中国农村观察》2006 年第 1 期。

② 参见全炯振:《中国农业全要素生产率增长的实证分析：1978—2007 年——基于随机前沿分析（SFA）方法》,《中国农村经济》2009 年第 9 期。

③ 参见李静、孟令杰:《中国农业生产率的变动与分解分析：1978—2004 年——基于非参数的 HMB 生产率指数的实证研究》,《数量经济技术经济研究》2006 年第 5 期。

④ 参见李尽法、吴育华:《河南省农业全要素生产率变动实证分析——基于 Malmquist 指数方法》,《农业技术经济》2008 年第 2 期。

⑤ 参见张乐、曹静:《中国农业全要素生产率增长：配置效率变化的引入——基于随机前沿生产函数法的实证分析》,《中国农村经济》2013 年第 3 期。

⑥ 参见李谷成:《中国农业生产率增长的地区差距与收敛性分析》,《产业经济研究》2009 年第 2 期；李谷成:《人力资本与中国区域农业全要素生产率增长——基于 DEA 视角的实证分析》,《财经研究》2009 年第 8 期。

1984年，中国农业生产率增长的78%是由于生产形式的改革，即实行家庭联产承包责任制。[①] 王继荣等建立了影子价格利润边界模型来检验中国农户的生产效率，他们发现家庭规模、人均纯收入等造成的市场扭曲降低了农户的生产效率。[②] 朱喜等认为，要素市场的扭曲会降低资源的有效配置和利用率，导致农业TFP降低，要素错配的程度主要取决于农村非农部门的就业机会、金融约束状况和耕地规模。[③] 车维汉等通过分析中国农业TFP的变动发现，农业TFP同农业生产要素和资源配置显著相关，政府政策的支持能提高农业TFP。[④] 塔索·阿达莫普洛斯（Tasso Adamopoulos）等发现，与中国农村土地制度相关的土地和资本市场的摩擦限制了生产力更高的农民。[⑤] 影响中国农业生产率的两个关键因素是资源配置和部门间的工人分配，但这类研究大多没有涉及中国各行业部门或者地区间的资源配置结构。

第三种观点是技术因素和资源配置对TFP的增长都有影响。比如，方福前等研究发现，农业TFP变化的主要原因是技术变化和政府财政支农力度，两者对农业TFP的增长有正向影响。[⑥] 大卫·基思·兰伯特等通过测算1979—1995年中国各省份的技术变化、技术效率、多因素生产率指数发现，农村的工业化降低了农业生产力，相对粮食价格、地理位置等对农业生产率都有影响。[⑦]

---

① Mcmillan J , Whalley J , Zhu L J , “The Impact of China’s Economic Reforms on Agricultural Productivity Growth”, *Journal of Political Economy,* 1989, 97(4):781-807.

② Wang J R , Wailes E J , Cramer G L , “A Shadow-price Frontier Measurement of Profit Efficiency in Chinese Agriculture”, *American Journal of Agricultural Economics,* 1996, 78(1):146-156.

③ 参见朱喜、史清华、盖庆恩:《要素配置扭曲与农业全要素生产率》,《经济研究》2011年第5期。

④ 参见车维汉、杨荣:《技术效率、技术进步与中国农业全要素生产率的提高——基于国际比较的实证分析》,《财经研究》2010年第3期。

⑤ Adamopoulos T , Brandt L , Leight J , et al. , “Misallocation, Selection and Productivity: A Quantitative Analysis with Panel Data from China”, *Econometrica,* 2022, 90(3):1261-1282.

⑥ 参见方福前、张艳丽:《中国农业全要素生产率的变化及其影响因素分析——基于1991—2008年Malmquist指数方法》,《经济理论与经济管理》2010年第9期。

⑦ Lambert D K , Parker E , “Productivity in Chinese Provincial Agriculture”, *Journal of Agricultural Economics*, 1998, 49(3):378-392.

4. 供给质量与产业发展

随着经济社会的发展与人民生活水平的不断提高，我国社会主要矛盾已转变为人民日益增长的美好生活需要和不平衡不充分的发展之间的矛盾，这一矛盾在农业领域则表现为人民对农产品的需求已经从单纯的数量向“数量—质量—安全”转变，并且对质量和安全的追求呈现上升趋势。

另外，随着全球化、城市化和工业化的发展及现代物流配送体系的建立，农业的社会环境完全打破了地理空间的限制，农业生产的时间界限趋于模糊，而这种变化使食品安全问题从本地化向去本地化、跨区域、全球化演变，加之中国存在众多分散的小生产经营者，食品安全问题涉及面广、处理难度大。① 三聚氰胺奶粉、瘦肉精等食品安全事件使得民众对食品安全的不信任感增加，对食品安全的忧患意识也越发明显。

许多专家、学者围绕食品安全问题展开了许多研究和讨论。周德翼等认为，食品安全危机源于信息不对称及政府管理的缺位。② 林凌等基于此提出运用互联网建立食品质量安全可追踪系统，以减少信息不对称带来的影响。③ 王建华等也以此为出发点，运用朴素贝叶斯分类方法研究发现，政府治理行为能够引导农户实施安全农产品生产。④ 其他学者提出，通过产业链的纵向垂直整合等市场化手段“去小农化”来应对食品安全问题。⑤ 但有学者对此持否定态度，并提出“再小农化”也可以是重建食品信任的

---

① 参见孙兴权、姚佳、韩慧等:《中国食品安全问题现状、成因及对策研究》,《食品安全质量检测学报》2015 年第 1 期。

② 参见周德翼、杨海娟:《食物质量安全管理中的信息不对称与政府监管机制》,《中国农村经济》2002 年第 6 期。

③ 参见林凌、周德翼、黄启琚:《基于互联网的食品质量安全可追踪系统设计》,《合肥工业大学学报》(自然科学版)2005 年第 5 期。

④ 参见王建华、刘茁、李俏:《农产品安全风险治理中政府行为选择及其路径优化——以农产品生产过程中的农药施用为例》,《中国农村经济》2015 年第 11 期。

⑤ 参见赵英霞:《基于食品安全的农业全产业链模式研究》,《中国市场》2012 年第 36 期。

替代性选择。[①]

许多学者都围绕如何增强食品安全展开了细致的研究，其提出的解决食品安全问题的机制也相对明确。与此同时，其他一些学者则围绕如何衡量食品安全程度展开了研究。邵明晖等以种植业为主要研究对象，将农产品质量安全评价体系分为产地环境评价、生产过程风险评价、生产者行为评价和政府行为评价四层共 15 个指标。[②] 隆·杰斯佩森（Lone Jespersen）等则从文化的角度出发构建食品安全文化维度，包括价值观与使命感、一致性、风险意识、人际系统及适应性等五个方面。[③] 乔尔·艾克（Joel Aik）等使用食源性疾病暴发通知及报告违反食品卫生的行为次数来衡量新加坡的食品安全管理系统的效用。[④] 薛钦源等从农产品生产经营主体出发，基于基本素质、财务状况、信誉记录等六个方面构建了包含 21 个指标的评价指标体系，同时给出了相关的评价标准。[⑤] 上述这些学者多从生产、消费者行为或资源禀赋角度切入制定衡量农产品质量的指标，缺乏对“农产品质量”概念更直接的刻画。

农业作为支撑国民经济建设与发展的基础产业，还具有经济及社会属性，因而仅用“农产品质量”来代表农业供给质量失之偏颇，农业供给质量不仅体现在产品本身、农民增收和消费者效用上，还体现在对社会经济、生态环境等的影响上。一些学者在衡量地区农业质量时会将表示农业经济效益和农业社会效益的指标加入综合指标中。黄修杰等将表示农业经济效益的农民收

---

① 参见许惠娇、贺聪志、叶敬忠:《“去小农化”与“再小农化”？——重思食品安全问题》,《农业经济问题》2017 年第 8 期。

② 参见邵明晖、吴彪、李宁等:《种植类农产品质量安全评价指标及权重确定研究》,《黑龙江工程学院学报》2015 年第 1 期。

③ Jespersen L , Wallace C A , “Triangulation and the Importance of Establishing Valid Methods for Food Safety Culture Evaluation”, *Food Research International*, 2017, 100(Pt 1):244-253.

④ Aik J , Turner R M , Kirk M D , et al. , “Evaluating Food Safety Management Systems in Singapore: A Controlled Interrupted Time-series Analysis of Foodborne Disease Outbreak Reports”, *Food Control*, 2020, 117:107324.

⑤ 参见薛钦源、郑小平、李雨桐:《农产品质量安全信用及评价指标体系研究》,《征信》2021 年第 1 期。

入指标和表示农业社会效益的绿色发展指标加入评价体系中。[①]张峰将农业增效、农民增收、生态增益等指标加入评价体系中。[②]焦琳惠等将农村恩格尔系数、森林覆盖率等指标加入农业高质量发展水平的综合评价体系中。[③]这样的综合评价体系能够更加全面地体现农业真实的质量水平。综观相关研究，现已有国际、全国、中部地区以及山东、辽宁、四川和新疆等省份层面的研究，但既包含实证分析同时指标体系又全面的相关研究鲜有。

关于农业供给质量中的农业物理供给质量的研究，张云华等通过走访调研，对农户采用无公害及绿色农药行为的影响因素进行了 logit 回归，并得出农户的家庭人口、农户信贷能力、农户对农药的认识、农户与涉农企业和农业专业技术协会的联系对其采用无公害及绿色农药的行为具有显著影响的结论。[④]高齐圣等通过采用 DEMATEL（决策实验室分析）法并结合 QFD（质量功能展开）进行了影响因素辨识，得到产品进入市场途径、政府监管力度和居民消费意识是影响农产品质量安全的关键因素这一结论。[⑤]娄博杰等通过实证研究发现，年龄、受教育程度等农户自身特征因素对其认知水平未产生显著影响，而市场因素、政府规制因素和地区因素对农户对农产品安全生产的认知有显著影响。[⑥]由此可见，农业物理供给质量的影响因素较为明确，多为外部因素，这也与许多学者提出的如何增强食品安全的举措相契合。

关于农业供给质量中的农业经济供给质量，许多学者围绕农民收入这一核

① 参见黄修杰、蔡勋、储霞玲等：《我国农业高质量发展评价指标体系构建与评估》，《中国农业资源与区划》2020 年第 4 期。

② 参见张峰：《长三角农业高质量一体化发展评价研究》，《中国农业资源与区划》2021 年第 1 期。

③ 参见焦琳惠、吕剑平：《甘肃省农业高质量发展水平测度及制约因子研究》，《资源开发与市场》2021 年第 3 期。

④ 参见张云华、马九杰、孔祥智等：《农户采用无公害和绿色农药行为的影响因素分析——对山西、陕西和山东 15 县（市）的实证分析》，《中国农村经济》2004 年第 1 期。

⑤ 参见高齐圣、路兰：《农产品质量安全影响因素分析——基于 DEMATEL 和 QFD 方法》，《复杂系统与复杂性科学》2013 年第 1 期。

⑥ 参见娄博杰、张惠娜、宋敏等：《农户农产品质量安全认知水平影响因素实证分析——基于中国东部 6 省调研数据》，《中国农学通报》2016 年第 8 期。

心因素展开分析。胡文国等将农民收入分解为工资性收入、家庭经营性收入、财产性收入、转移性收入，通过数理分析得出工资性收入增长快速是促进农民收入增长的积极因素，而家庭经营性收入增长缓慢是制约农民收入快速增长的主要因素的结论。[①] 杨春玲等通过构建计量模型和误差修正模型进行短期因果关系分析发现，农业基本建设投资、农业保险和农业贷款均有利于提高农民收入。[②] 贾立使用因子分析法提炼出农业基础面因素、农村金融与资本面因素以及农村科技面因素三个公共影响因子，通过实证分析发现农业基础面因素和农村科技面因素对中国农民收入增长具有正向促进作用。[③] 周涵通过定量分析发现，农村人均收入与从事农业生产活动的人数负相关，农村人均收入与总产值正相关，农民受教育程度越高则人均收入越高。[④] 在农民收入影响因素的研究上，因选取的地区数据不同，许多结果不具有一致性。例如，在一些地区农民受教育程度对其人均收入具有显著影响，而在另外一些地区则表现得并不显著，这与地区的教育发展和经济发展相关。

关于农业供给质量中的农业社会供给质量的研究，许多学者围绕绿色可持续发展这一议题进行研究。卢秉福等用 DEMATEL 法建立了影响黑龙江省绿色农业可持续发展的 20 个因素的直接影响矩阵，通过对各因素的影响度、被影响度、中心度的对比分析发现，黑龙江省绿色农业可持续发展的关键影响因素为农民收入水平、消费支出水平、绿色农产品价格、食品安全意识、政策支持。[⑤] 焦晋鹏通过构建结构方程模型研究发现，农业生态补偿所支持的农田水利设施建设、农业资源和环境保护、绿色农业有利于促进农业的可

① 参见胡文国、吴栋、吴晓明：《我国农民收入增长影响因素的实证分析》，《经济科学》2004 年第 6 期。

② 参见杨春玲、周肖肖：《农民农业收入影响因素的实证分析》，《财经论丛》2010 年第 2 期。

③ 参见贾立：《中国农民收入影响因素的实证分析》，《四川大学学报》（哲学社会科学版）2015 年第 6 期。

④ 参见周涵：《我国农民人均收入的影响因素分析》，《黑龙江粮食》2021 年第 2 期。

⑤ 参见卢秉福、孙一鸣、韩卫平：《黑龙江省绿色农业可持续发展主要影响因素分析》，《中国农学通报》2011 年第 32 期。

持续发展。[①] 帅传敏等运用偏最小二乘结构方程模型（PLS-SEM）估计法，综合考虑经济、社会、环境等因素研究发现，重庆的工业状况对农业可持续发展产生负向影响，化学物质用量、交通基础设施、人口特征、农林水支出均对农业可持续发展有显著的正向影响。[②] 与农业物理供给质量和农业经济供给质量的影响因素研究相比，农业社会供给质量的研究切入点繁多，梳理出的影响因素也大相径庭。

（二）研究述评

以上关于 TFP 作用机制的研究，有的忽略了资源配置扭曲带来的影响，较多地提及各个产业部门间和区域间的资源错配，对市（区）一级 TFP 的研究更少。另外，各学者对中国 TFP 的测算方法不同，结果存在差异，并且研究 TFP 对经济增长的影响主要考虑的是 GDP。而我们对山东省农业全要素生产率的研究与现有研究有如下差异。

（1）研究视角不同。本书强调资源错配对农业 TFP 的影响。国内目前的研究大多将 TFP 动态地分解为技术进步和技术效率来研究，忽略了资源错配的影响。

（2）研究层面不同。之前的研究更多地涉及不同产业间和不同国家或地区间的资源错配，对市（区）一级的 TFP 的研究很少。

（3）研究方法不同。以往文献一般通过随机前沿分析和数据包络分析等方法来研究要素投入、资源配置对 TFP 变化的影响。这类方法可以衡量农户生产的技术和配置效率等，但不能解释配置扭曲的真正来源，并且无法将资源配置扭曲与总量 TFP 相联系。本书基于谢长泰和克莱诺与勃兰特的研

① 参见焦晋鹏:《基于结构方程模型的农业可持续发展影响因素分析》,《统计与决策》2019 年第 6 期。

② 参见帅传敏、周敏、程欣等:《农业可持续发展影响因素研究——以重庆为例》,《中国经贸导刊》（理论版）2020 年第 9 期。

究[①]，但根据中国农户的特点进行了调整和拓展，采用的是土地禀赋不变的完全竞争模型。

另外，农业供给质量不仅包括农业物理供给质量，还包括农业经济供给质量和农业社会供给质量。通过对各综合指标刻画及影响因素探究的文献进行梳理发现，当前关于农业供给质量综合指标评价体系的研究在以下三个方面存在一些不足：

（1）在刻画农产品质量上，大多数学者从生产、消费者行为或资源禀赋的角度切入，缺乏对“农产品质量”概念更为直接的描述。

（2）在构建农业供给质量这一综合指标时往往忽略农产品质量，多使用耕地面积等间接指标进行刻画。

（3）大多数研究聚焦于如何刻画“农业供给质量”概念，并对相应地区之间的评分差距作出解释，但对农业供给质量这一综合指标影响因素的实证分析较少。

因此，本书力图避免以上不足，在全面、合理地刻画“农业供给质量”概念的基础上，探究农业物理供给质量、经济供给质量及社会供给质量的影响因素，并试图找寻山东省各市之间农业供给质量存在差距的原因，以期为山东省今后农业供给质量的提升、推进乡村振兴提供一些思路。

三 研究内容与方法

（一）研究内容

第一章为研究背景和研究现状描述，确定研究问题和研究方向，介绍研

① Hsieh C T , Klenow P J , “Misallocation and Manufacturing TFP in China and India”, *MPRA Paper*, 2007, 124(4):1403-1448; Adamopoulos T , Brandt L , Leight J , “Misallocation, Selection and Productivity: A Quantitative Analysis with Panel Data from China”, *Econometrica,* 2022, 90(3):1261-1282.

究内容和分析方法。

第二章为农业发展的相关理论与概念界定，指出本书依据的可持续发展理论、诱导性技术进步理论以及农业现代化、农业合作社和农业劳动力的概念。

第三章为山东省农业发展现状分析。通过图表的方式对山东省各区域的发展现状进行比较分析，明确山东省不同区域农业发展中存在的问题。

第四章为山东省农业发展影响因素的实证分析。采用个体固定效应的方法，通过 Stata 软件对相关面板数据进行回归，梳理出山东省农业发展的影响因素。

第五章为山东省农业区域差异化发展策略。针对山东省整体以及各个区域的农业发展情况，根据相关理论基础，分别从政府和企业层面给出了不同的发展策略建议。

第六章为山东省农业 TFP 估计与评价。结合山东省农业发展数据，利用计量方法估计并评估了农业 TFP 的状况和发展态势。

第七章为山东省农业 TFP 增长潜力的估计与评价。构造了农业生产要素错配模型并估计评价了农业 TFP 增长潜力和损失。

第八章为山东省农业供给质量评价体系构建。介绍了农业供给质量评价体系的构建原则和指标选择。

第九章为山东省农业供给质量水平测度。介绍了赋权方法、数据来源及供给质量得分，最后对测度结果进行了分析。

第十章为山东省农业供给质量提升机制。分析了农业供给质量提升的影响因素，提出了农业供给质量的提升机制。

（二）研究方法

本书采用的研究方法有以下几种。

1. 文献分析法

文献分析法是指通过对收集的文献资料进行研究，以探明研究对象的性质和状况，并从中引申出观点的分析方法。本书首先通过文献研究揭示农业供给质量的研究现状，并据此提出研究问题和研究思路；其次，通过文献分析能够为本书构建的农业供给质量综合指标提供借鉴，有利于构建出合理、科学的综合指标体系；最后，通过对文献的梳理、归纳和分析，为探寻农业供给质量各指标的影响因素奠定基础。

在研究山东省不同地区农业发展存在的问题时，对于鲁南地区存在的加工业带动能力不足的问题，是通过查阅文献发现的。对于实证分析中的一些影响因素，先查阅文献，总结后进行实证验证。对不同地区提出的发展策略，通过查阅文献发现已经存在的成熟的发展策略，再结合山东省的具体情况给出适合各地区的发展策略。

2. 比较分析法

在研究山东省不同地区农业发展的现状以及存在的问题时，主要通过各地区之间的年度时间序列数据和截面数据比较，找出山东省不同地区在农业发展中存在的问题。在估计山东省农业 TFP 时，本书运用 LP（功能点估计法）、OLS（普通最小二乘法）、RE（随机效应方法）、FE（固定效应方法）四种方法，对比结果并进行分析后选择了 LP 方法。在分析山东省农业供给质量时对不同的供给质量指标进行比较分析，从而从不同层面讨论农业供给质量的状态。

3. 模型分析法

第二章至第四章定量估计了山东省农业 TFP、农业 TFP 潜在损失、要素价格扭曲程度等多个参数，并对变量进行了统计检验和解释。定性分析农产品出口对山东省农业 TFP 的作用，并从理论上分析山东省农业潜在生产力的来源。运用数理模型可以测算经济变量之间的关系，本书采用规模报酬不变的 Cobb-Douglas（柯布 – 道格拉斯）生产函数来估计山东省农业 TFP、对要素价格扭曲程度等进行错配分析。基于模型的定量分析法是对社会现象的数量特征、数量变化与数量关系进行分析的方法，第三章和第四章主要用到此方法来刻画农业物理、经济及社会供给质量。将定性问题转换为定量问题，以便进行各地区之间的比较与分析，从而能够直观地观察到各地区之间的差异，也有利于后期计量模型的构建，增强了研究的科学性和合理性。

4. 实证分析法

实证分析法是认识客观现象，向人们提供有用、精确的知识的研究方法，研究现象本身“是什么”是其重点。在测算山东省农业 TFP 和估计山东省农产品出口对 TFP 的影响时，本书都用到了计量统计方法。对山东省农业 TFP 的测算运用 Levinsohn-Petrin（莱文森 – 佩特林）半参数方法[①]等四种计量方法，同时通过计量统计软件的分析结果解释了山东省农业 TFP 和资本、劳动力这两个要素之间的投入比例关系。第四章运用计量统计分析了农产品出口对农业 TFP 的影响，阐述了两个变量之间的因果关系。此外，本书通过构建计量模型探究农业物理、经济和社会供给质量这三个综合指标的影响因素，从实证角度科学地说明各地区之间农业供给质量存在差异的原因，并为山东省农业供给质量提升提供一些思路。

---

① Petrin A , Poi B P , Levinsohn J , “Production Function Estimation in Stata Using Inputs to Control for Unobservables”, *Stata Journal,* 2004, 4(2):113-123.

第二章
农业生产率和农业高质量发展的相关理论与概念

在进行正式研究前必须了解什么是农业生产率？农业高质量发展具体指什么？本章首先从多个角度对农业生产率的概念和意义作全面、系统的阐述；其次，深入剖析农业高质量发展具体包含哪些方面，这有助于加深对农业发展理论的认识；最后，介绍农村供给质量与发展的相关经典理论，为后续研究夯实理论基础。

一　农业全要素生产率

农业全要素生产率是指农业生产活动在一定时间内的效率，它是衡量单位总投入的农业总产量的生产率指标，即农业总产量与全部要素投入量之比。农业全要素生产率的增长率常常被视为科技进步的指标，它的来源包括技术进步、组织创新、专业化和生产创新等。农业产出增长率超出要素投入增长率的部分为全要素生产率增长率。一般来讲，农业全要素生产率为资源（包括人力、物力、财力）开发利用的效率。从经济增长的角度来说，生产率与资本、劳动等要素投入都贡献于经济增长。从效率的角度考察，生产率等于一定时间内国民经济中产出与各种资源要素总投入的比值。从本质上讲，它反映的是各国家（地区）为了摆脱贫困、落后和发展经济在一定时期里表现出来的能力和努力程度，是技术进步对经济发展作用的综合反映。农业全要素生产率是用来衡量农业生产效率的指标。它有三个来源：一是效率改善，二是技术进步，三是规模效应。它是除去劳动、资本、土地等要素投入之后的“余值”，由于“余值”包括没有识别的带来增长的因素，另外还存在概念上的差异、度量上的误差，因此它只能相对衡量效率改善、技术进步的程度。根据最新的理论拓展，全要素生产率不应被忽视的一个重要因素是资源错配，资源错配能够不同程度地降低全要素生产率。

二　农业供给质量与发展

（一）农业供给质量

农业供给质量与供给侧结构性改革密不可分，而供给侧结构性改革旨在调整经济结构，使要素实现最优配置。需求侧改革主要有投资、消费、出口“三驾马车”，供给侧则主要有劳动力、土地、资本、制度创造、创新等要素。供给侧结构性改革就是从提高供给质量出发，用改革的办法推进结构调整，矫正要素配置扭曲，扩大有效供给，提高供给结构对需求变化的适应性和灵活性，提高全要素生产率，更好地满足广大人民群众的需要，促进经济持续健康发展；就是用增量改革促进存量调整，在增加投资的过程中优化投资结构，产业结构开源疏流，在经济可持续、高速增长的基础上实现经济可持续发展与人民生活水平不断提高；就是优化产权结构，国进民进、政府宏观调控与民间活力相互促进；就是优化投资、融资结构，促进资源整合，实现资源优化配置与优化再生；就是优化产业结构、提高产业质量，优化产品结构、提升产品质量；就是优化分配结构，实现公平分配，使消费成为生产力；就是优化流通结构，节省交易成本，提高有效经济总量；就是优化消费结构，实现消费品不断升级，不断提高人民的生活品质，实现创新、协调、绿色、开放、共享发展。

农业供给质量分为农业物理供给质量（农产品质量）、农业经济供给质量、农业社会供给质量。这三者之间的关系和马斯洛需求层次理论中的低级需求与高级需求之间的关系一致，即农业社会供给质量形成之前，必须先形成农业经济供给质量和农业物理供给质量，而农业经济供给质量的形成又有赖于农业物理供给质量的形成。

（二）农业劳动力

农业劳动力包括能参加农业劳动的劳动人口数量和劳动人口质量。劳动人口数量指的是适龄并且有劳动能力的农业劳动人口、非适龄但实际已经参加农业生产的劳动力的总和。劳动人口质量指的是包含在农业劳动人口中的体力、技术熟练度和文化内涵。农业劳动在时间上具有很强的季节性，在空间上具有分散性，在内容上具有多样性，在结果上具有不确定性。农业劳动是整个农业及国民经济的基础，具有能动性，因而在所有生产要素中发展最快。农业劳动能力的提高是创造社会物质财富的基础。

（三）农业合作社

在中国，农业合作社指的是在家庭承包经营的基础上，按照自愿和民主管理的原则，遵守合作社的相关法律和制度，从事特定经济活动的企业组织。农业合作社以其成员为服务对象，提供农业生产资料购买，农业生产技术咨询，信息获取以及农产品的销售、加工、运输等服务。它具有促进社会分工、减少农产品经营的损失、形成规模经济、降低农产品交易的不确定性、降低交易成本和促进市场化等功能。

（四）农业产业化

农业产业化以市场为导向，以农户经营为基础，以龙头企业为依托，以经济效益为中心，以系列服务为手段。它包括两方面的内容：一是种养加、产供销、农工商一体化的贯通产前、产中、产后的全产业链服务，二是通过将分散的农户组织成大生产的利益连接模式来实现市场化。其主要有三种形式：一是农业市场加农户的公开市场组织，达成古典契约关系，突出表现在集市贸易和专业批发市场的建设。这种形式的优点是匿名性的一次性交易，进入或退出的门槛较低，公开市场汇集了大量的供求信息，从而降低了供求双方的搜寻成本；缺点是农产品价格浮动大，导致经营者收入不稳定，农产品交易半径受到限制，分类粗糙，产后加工程度低、增值小。二是农业龙头企业加农户的上层组织，达成新古典契约关系，突出表现在签订农产品契约，契约为未来的不确定性留有一定的余地，农户按照企业规定生产一定规格的产品。这种形式的优点是农户收入稳定，契约关系长久；缺点是不排除引入第三方来对契约进行仲裁的可能。三是完全一体化经营的大型集团组织，达成关系契约关系，突出表现在合作社一体化和股份公司一体化。这种契约关系不仅关系到农产品，还关系到要素所有权，农户在保持独立经营的基础上，将一部分经营权让渡给合作社或股份公司，可以获得合作社的系列服务和利润返还。企业倾向于三种形式中的哪一种，是由企业内部组织费用和市场交易费用决定的。企业规模越大，内部组织费用越高；市场不确定性越高，市场交易费用越高，企业内部组织费用高，会更倾向于古典契约，企业内部组织费用低则倾向于关系契约。

（五）农业现代化

农业现代化指的是用现代科学技术和生产手段装备农业，用先进的科学方法组织和管理农业。农业现代化是从传统农业向现代农业转变的过程，是从直观经验与手工工具向生产资料现代化、管理方法科学化转变的过程，是从自给自足的小农农业向商品化、大生产的现代农业转变的过程。它不仅是生产效率不断提高和市场化水平不断提升的过程，而且是农业减负与农业保护程度不断提高的过程。国家基本实现工业化后，对农业的保护会加强，即农业由负向保护向正向保护转变，用第二、第三产业的发展来反哺农业。农业现代化的主要内容包括生产资料现代化，生产技术现代化，经营管理的现代化和标准化、信息化、专业化、市场化、集约化。

三　农业供给质量与发展的相关理论

（一）农业可持续发展理论

农业可持续发展是指既满足当代人的需要，又不损害后代人发展的权利，依靠技术进步和组织形式改进来达到人与环境协调发展。它包含经济可持续性、生态可持续性以及社会可持续性三个基本特征。它不仅是由经济因素决定的，而且与人口、技术、教育、自然环境等都密切相关，依靠人力资本的积累、环境的可持续发展、技术的进步等生产要素的合理投入可以实现农业可持续发展。人力资本的积累可以提高自然资源的利用率，相比物质资本的积累更有利于收入分配公平；环境的可持续发展的基本原则是公平，环境问题具有外部性、传递性以及累积性的特点，需要依靠产权机制与国家干预两方面发力；技术的进步是农业可持续发展的必要条件而非充分条件，农业可持续发展必须依靠技术的进步，但是技术的进步不一定能带来农业可持续发展，技术要与农业可持续发展有机结合。

可持续农业是指采取某种合理使用和维护自然资源的方式，实行技术变革和机制改革，以确保当代人类及其后代对农产品的需求可以持续获得满足的农业系统。

戈登·道格拉斯（Gordon Douglass）认为，可持续农业的内涵应包括环境重要性、食物充足性和社会公平性。① 美国农学会等认为，可持续农业是在较长时期内有利于改善农业所依存的环境和资源，满足人类对食品的基本需要，经济上可行并能提高农民以及整个社会生活水平的一种做法。根据柴彭颐等的研究，农业可持续发展指标体系由社会指标、经济指标、资源指标、环境指标四个部分共 47 个指标组成。②

自农业可持续发展理念被提出后，许多国家和地区相继在实践中开始了农业可持续发展的探索。美国通过科学家的积极探索、农业部门的大力推动、联邦政府的大力支持推动农业可持续发展；日本则通过推行自然农业、限制农业的外部不经济和立法手段来禁止对人畜危害严重的农药的生产和使用，以推动农业可持续发展；欧盟则通过成立有机农业企业并辅以经济和法律手段来调整农业与生态环境的关系。通过对农业可持续发展的探索，形成了有机农业、生物农业、再生农业、生态农业、自然农业等重要的实践模式。

我国在推进农业可持续发展方面也提出了诸多举措，如推进农业可持续发展的综合管理，加强食物安全和预警系统，调整农业结构，优化资源和生产要素组合，加强农业自然资源可持续利用和生态环境保护，提高农业投入和农业综合生产能力，发展可持续性农业科学技术，发展乡镇企业和建设农村乡镇中心，增强草地资源的开发利用与保护，增强水资源的保护与开发利

---

① Douglass G K. *Agricultural Sustainability in a Changing World Order*. Boulder CO: Westview Press, 1984: 3-29.

② 参见柴彭颐、周洁红:《农业可持续发展特征及指标结构》,《浙江社会科学》1999 年第 2 期。

用，增强土地资源的管理与可持续利用，增强森林资源的培育、保护、管理与可持续发展，加强对生物多样性的保护，加快荒漠化和水土流失防治等。

（二）全要素生产率与资源错配理论

经济理论中要素生产率一直是学者的关注点之一，要素生产率的理论发展历史从单要素生产率转变为全要素生产率，并得到了广泛的应用。全要素生产率指的是相对于单要素投入的全部要素投入的综合产出效率，对其进行研究时会根据研究目的、生产单位和方式的不同而选择不同的生产要素。

古典经济学理论时期，亚当·斯密（Adam Smith）关注到机械的运用可以提高要素生产率，从而提高生产总值，促进经济增长，并且他认为市场容量、资源配置、技术进步、国际贸易对全要素生产率有影响，因此主张发挥“看不见的手”的作用，减少政府干预。①

新古典经济学时期，帕累托（Pareto）提出的“帕累托效率”这一概念使得资源配置最有效率的理论更加明晰。保罗·萨缪尔森（Paul Samuelson）认为的效率是经济在有限的资源和技术条件下，充分利用生产要素资源。②格里高利·曼昆（Gregory Mankiw）是从结果上分析的，即从稀缺的资源中得到最多的经济效益。③帕累托改进达到最理想的状态时，资源配置达到最优。

经济增长理论的观点中，罗伯特·索洛提出索洛余值法来计算全要素生产率，即在满足规模报酬不变、技术中性等假设的条件下，技术进步的增长率在数值上等于希克斯中性的索洛剩余。④这一观点指出，技术进步不是通过影响要素从而影响经济的，而是作为外生变量影响经济的，所以其对于全

① Smith A. *Wealth of Nations*，England: Wordsworth Editions, 2012: 190-247.

② Samuelson P A，Nordhaus W D, *Economics*, Boston Mass: Irwin/McGraw-Hill, 1998: 57-93.

③ Mankiw G, *Principles of Economics*, Texas: Dryden Press, 1998: 135-150.

④ Solow R M，“Technical Change and the Aggregate Production Function”，*The Review of Economics and Statistics*, 1957, 39(3)：312-320.

要素生产率的解释不够深入。

现代经济理论中的效率理论在实证方法上有了突破，利用随机前沿生产函数来测算经济效率，将其分解为技术效率和配置效率，并且度量方法不断发展，比如 Olley-Pakes（奥利 – 佩克斯）方法、Levinsohn-Petrin 方法等。

经过几个阶段的发展，对生产率理论的解释更加成熟，度量方法也得到快速发展，本书采用近些年来主要使用的几种统计计量方法，基于规模经济不变的柯布 – 道格拉斯生产函数来研究山东省农业全要素生产率。

对于资源错配导致的全要素生产率损失问题，传统理论认为，全要素生产率损失主要是由技术水平下降、组织和制度劣势等造成全要素生产率下降导致的，而资源错配理论的核心思想强调了全要素生产率损失的另外一个重要驱动机制，即要素和资源的错配。出于多种机制的原因，要素和资源并没有配置到最能产生效率和价值的领域和方向，从而导致全要素生产率与最优配置状态之间存在差距，这一差距就是资源错配造成的全要素生产率损失。谢长泰等基于中国、印度制造业企业的数据，通过垄断竞争模型（以下简写为“HK 模型”）得出资源错配给两国分别带来 30%—50%、40%—60% 的全要素生产率损失的结论。①他们的研究在估计全要素生产率损失方面具有开创性意义，一些学者遵循他们的思路给出了不同国家的经验证据，但仍然存在一些缺陷，比如模型依赖于较强的结构性假定，缺乏对企业进入、退出决策的考虑等。此后的研究分别从这两个方面对 HK 模型进行了拓展。在放宽 HK 模型的结构性假定上，龚关等考虑了规模报酬可变的情形，认为资本配置效率和劳动配置效率的改善将使总量生产率分别提高 10.1 个百分点和 7.3 个百分点。②朱喜等进一步将土地要素引入生产函数中，发现如果消除扭曲，那么农业全要素生产率将提高 20% 以上。此前的研究均假定全要素生

① Hsieh C T , Klenow P J , “Misallocation and Manufacturing TFP in China and India”, *MPRA Paper*, 2007, 124(4):1403-1448.

② 参见龚关、胡关亮:《中国制造业资源配置效率与全要素生产率》,《经济研究》2013 年第 4 期。

产率是外生的，但事实上，资源配置扭曲会改变企业的进入、退出决策，从而进一步放大资源错配带来的全要素生产率损失，对这一问题的考虑实际上把研究重点从静态分析推向了动态分析。① 上述研究主要考察企业间的资源配置效率与总量生产率的关系，还有一些研究从行业的角度探讨了资源错配引致的全要素生产率损失问题。②

经济学家在不断探索资源错配的形成机制。这一理论研究分为两大类：一类是由政策和制度因素导致的错配，另一类是由要素市场的不完善导致的错配。第一类研究认为，政府在进行宏观调控时所采用的某些政策会降低资源的配置效率，比如关税限制③、支持小规模生产的税收和补贴④、行业管制⑤、所有制歧视⑥等。对于第二类研究，现有文献对金融摩擦的分析较多，学者们对于由金融摩擦引起的资源错配将带来全要素生产率损失已达成共识⑦，但是

① 参见朱喜、史清华、盖庆恩：《要素配置扭曲与农业全要素生产率》，《经济研究》2011 年第 5 期。

② Aoki M, Yoshikawa H, "The Nature of Equilibrium in Macroeconomics: A Critique of Equilibrium Search Theory", *Social Science Electronic Publishing*, 2008, 3(2009-37):622-624；陈永伟、胡伟民：《价格扭曲、要素错配和效率损失——理论和应用》，《经济学》（季刊）2011 年第 4 期；简泽：《远距离贸易、技术变迁与长期经济增长》，《经济评论》2010 年第 5 期；袁志刚、解栋栋：《统筹城乡发展——人力资本与土地资本的协调再配置》，《经济学家》2010 年第 8 期。

③ Epifani P, Gancia G, "Trade, Markup Heterogeneity and Misallocations", *Journal of International Economics*, 2011, 83(1):1-13.

④ Restuccia D , Rogerson R , "Misallocation and Productivity", *Review of Economic Dynamics*, 2013, 16(1): 1-10; Guner N , Ventura G , Xu Y D , "Macroeconomic Implications of Size-dependent Policies", *Review of Economic Dynamics*, 2008, 11(4):721-744; Bartelsman E , "ICT, Reallocation and Productivity", *Eric Bartelsman*, 2013:1-38.

⑤ 参见安烨、钟廷勇：《吉林省文化创意产业规模、结构的时空分布和趋势——基于信息熵和区位熵的分析》，《税务与经济》2012 年第 5 期。

⑥ 参见靳来群、林金忠、丁诗诗：《行政垄断对所有制差异所致资源错配的影响》，《中国工业经济》2015 年第 4 期；罗德明、李晔、史晋川：《要素市场扭曲、资源错置与生产率》，《经济研究》2012 年第 3 期。

⑦ Dollar D , Wei S J , "Das (Wasted) Kapital: Firm Ownership and Investment Efficiency in China", *Imf Working Papers*, 2007,7: 13103; Kalemli-Ozcan S , Sørensen B E , "Misallocation, Property Rights, and Access to Finance: Evidence from within and Across Africa", *Cep Discussion Papers*, 2014:183-211.

对影响的程度仍然存在争议①。此外，还有一些学者从土地、劳动等方面展开分析，具有代表性的如阿达莫普洛斯（Adamopoulos）等的研究②等。

（三）诱导性技术进步理论

诱导性技术进步理论包括要素稀缺诱导性技术进步理论与市场需求诱导性技术进步理论。

要素稀缺诱导性技术进步理论指的是各地农业的土地和劳动要素禀赋是不同的，所以农业无论是整体性还是产品性的创新，都将针对相对稀缺的一种要素。其在农业生产中指的是两大类：第一类是农业机械化技术，用来节约相对稀缺并且缺乏供给弹性的农业劳动力人口，通过机械化的发展来提高人均可耕地面积，以达到提高人均产量的目的；第二类是生物化学技术，用来节约相对稀缺并且缺乏供给弹性的土地资源，具有代表性的有土壤肥料技术、育种技术等，以达到提高单位耕地面积产量的目的。农业劳动力和土地这两种要素的稀缺性因技术的发展而呈现螺旋交替变化，相对稀缺的要素由于技术替代而变得不那么稀缺，相对富裕的要素由于被大量使用而变得不那么富裕。

市场需求诱导性技术进步理论指的是农民出于利润最大化的考虑会被引导采用要素相对稀缺的技术，同时，技术的供给者也要考虑市场需求潜力较大的技术。技术的生产经营者为了把握市场机会或者解决经济问题而将自己的技术落实到市场需求较大的一种产品上，那么这种产品也必将节约相对稀缺的要素资源。

---

① Banerjee A V , Moll B , "Why Does Misallocation Persist?", *American Economic Journal Macroeconomics,* 2010, 2(1):189-206.

② Adamopoulos T , Brandt L , Leight J , "Misallocation, Selection and Productivity: A Quantitative Analysis with Panel Data from China", *Econometrica,* 2022,90(3):1261-1282.

（四）品牌经济学理论

品牌经济学理论通过“选择成本”被引入经济学中，主要对需求曲线产生两方面的影响：一方面，品牌信用度的提高会降低消费者的选择成本，消费者出于趋利避害的本性在任意价格下需求量都会增加，进而使需求曲线右移；另一方面，品牌信用度的提高会使消费者的需求弹性变小，需求曲线会变得更陡峭。价格与品牌共同在全社会范围内分配稀缺资源，品牌提高了均衡的价格和数量，带来了生产者剩余和消费者剩余，提高了整个社会的福利水平。而农业发展同样需要在市场经济中强化品牌意识，提高农产品供给的品牌理念，这是供给侧结构性改革的重要环节。

（五）农业劳动力转移理论

农业劳动力转移理论主要包含三方面的内容：其一，随着经济的发展，农业劳动力会逐渐向非农部门和城市转移，农业劳动力人口占整个社会劳动力的比重会下降；其二，农业劳动力人口转移的快慢本质上是由农业部门与非农部门生产率的差距导致的，生产效率提高，拉力变强，农业劳动力人口就转移得快，反之亦成立；其三，农业劳动力向非农部门和城市转移，呈现两个阶段的变化，第一个阶段是农业劳动力的绝对数量增加但占社会总劳动力的相对数量减少，第二个阶段是农业劳动力的绝对数量和相对数量都减少。

（六）农产品质量安全理论

农产品包括种植业、畜牧业、林业产品及其初级或直接加工品。《中华人民共和国农产品质量安全法》对“农产品质量安全”的概念进行了规范：“本法所称农产品质量安全，是指农产品质量达到农产品质量安全标准，符合保障人的健康、安全的要求。”因此，凡是涉及保障人的健康、安全要求的标准，都属于农产品质量安全标准的范围。

农产品质量安全有三种：一是指质量安全，是农产品安全、优质、营养要素的综合；二是指质量中的安全；三是指质量和安全的组合。质量是指产品、过程或服务满足规定要求的特性和特性总和；安全是指农产品的危害因素，如农药、兽药残留及重金属污染等对人、动植物和环境存在的危害或潜在的危害。换句话说，动植物性产品与食用菌产品的整个生产过程及其终端产品，经严格检验，各项技术指标与卫生指标均符合国家或行业有关标准，才是安全的农产品。然而，多方面的原因都可能造成农产品质量安全问题，包括土壤、水、空气污染，农产品生产过程中使用或添加的物质（肥料、农药、饲料等）以及在加工、储藏、运输过程中加入的保鲜剂、防腐剂、添加剂等。

关于农产品质量安全问题的成因，许多学者从信息不对称、交易费用经济学和不完全契约理论出发进行了剖析，并根据研究结果提出了相应的政策建议，这些政策建议多聚焦于政府监管问题。各国的实践证明，良好的农产品质量安全管理系统能够有效地避免农产品质量安全问题的出现。

我国对加强农产品质量安全管理十分重视，不断加大工作力度，建立了农产品质量认证体系、农业质量标准体系、农产品质量安全检测检验体系、农产品质量安全风险评估体系等，制定了保证农产品质量安全管理的法律法规。

（七）农业现代化理论

农业现代化是指由传统农业转变为现代农业，把农业建立在现代科学的基础上，用现代科学技术和工业来装备农业，用现代经济科学来管理农业，创建一个高产、低耗、优质的农业生产体系和一个既合理利用资源又保护环境、有较高转化效率的农业生态系统。

农业现代化理论的历史可以追溯到 20 世纪 60 年代。1964 年，美国经济学家舒尔茨出版《改造传统农业》，提出从传统农业向现代农业转变。国外农业现代化理论主要由改造传统农业理论、诱导创新理论、扩散理论和肥力保持理论组成。

改造传统农业理论认为，应把弱小的传统农业改造成一个高生产率的部门，舒尔茨认为应该通过农产品和生产要素的价格变动来刺激农民；诱导创新理论把技术变革看作对资源禀赋变化和需求量增长的一种动态反映；扩散理论认为先进的耕作方法和优良的动植物品种的扩散是农业生产率增长的重要源泉；肥力保持理论认为自然资源是稀缺的，这种稀缺性会随着经济增长而不断增加，资源稀缺性不仅会影响人们生活水平的提高，而且会危及经济增长。

我国很多地方走出了具有自己特色的农业现代化之路，摸索并积累了许多行之有效的经验，形成了四种比较典型的农业现代化发展模式。

首先是龙头企业带动型，指由龙头企业作为现代农业开发和经营主体，采用“公司＋农户＋基地”的产业化组织形式，围绕一个产业或产品，实行生产资料供应、生产加工、销售一体化经营。

其次是农户公司带动型，指以农户家庭经营为主体，以独户、联户合作经营为基础，以多种经营方式为手段，依法注册登记，通过农户公司将分散经营的农户联合起来，带动农民从事手工制作、特色加工、产品经营、产业开发、中介服务、市场销售等生产经营活动，促进农民致富，推进农业发展和产业发展。

再次是农牧结合型，指在以农牧经济为主的地区，将畜牧业作为主导产业，积极发展种植业和饲料产业，兼顾发展其他产业，并在此基础上通过规模化养殖基地实现农牧户、企业、基地的良好对接，依靠组建各类专业协会和中介组织来加强市场建设，完善社会服务体系。

最后是城乡统筹型，指以优势产业集群和高效农业为依托，在大力融入工商业资本的基础上，吸收农业劳动力就业，促进和加快农村各个相关产业发展，从而实现工农城乡互动和协调发展。

第三章
山东省农业发展现状分析

从本章开始，我们将研究从理论分析转向实际论证，并将研究范围聚焦于山东省。山东省自古以来是农业和人口大省，研究山东省农业高质量发展必须摸清其发展现状。本章从地理区位、气候差异、农业产量、组成结构和生产效率等多个方面详细介绍山东省内农业发展状况，并且对现存的问题及其形成原因进行深入剖析。通过本章内容，可以初步了解山东省农业发展的真实情况。

一　山东省农业区域划分

农业对资源禀赋的依赖性很强，其中对农作物影响最大的是地区的雨热条件。为了便于发现问题，本章选择了 2019 年全年降雨量和全年日照时数两个指标，根据各地区的雨热条件对山东省的农业区域进行了划分。

2019 年，淄博、枣庄、临沂全年降雨量达到了 700 毫米以上；青岛、烟台、威海等受海洋性季风气候的影响，全年降雨量只有 400 多毫米；济南、济宁、泰安等地降雨量在 500—600 毫米；德州、聊城降雨量紧随其后，在

450 毫米以上，处于中间水平（见图 3-1）。整体而言，南部地区降雨量最为充沛，西北部地区紧随其后，而东部地区降雨量最少。

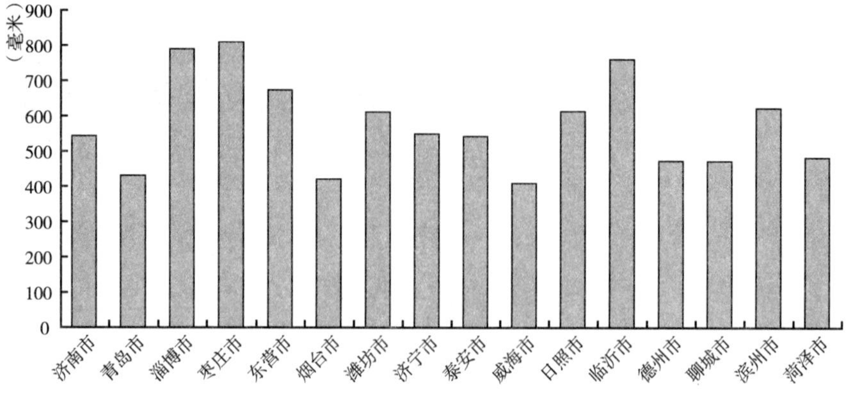

图 3-1　2019 年山东省各地市全年降雨量

2019 年，山东省各地市全年日照时数在 2000—2500 小时，整体差距不大。全年日照时数较少的地区有枣庄、济宁、日照、临沂，日照时数较多的有东营以及烟台、威海，而德州、滨州、济南也有不错的日照时数（见图 3-2）。整体而言，南部地区光照时间不够充分，东部全年日照时数略高于西北部地区。

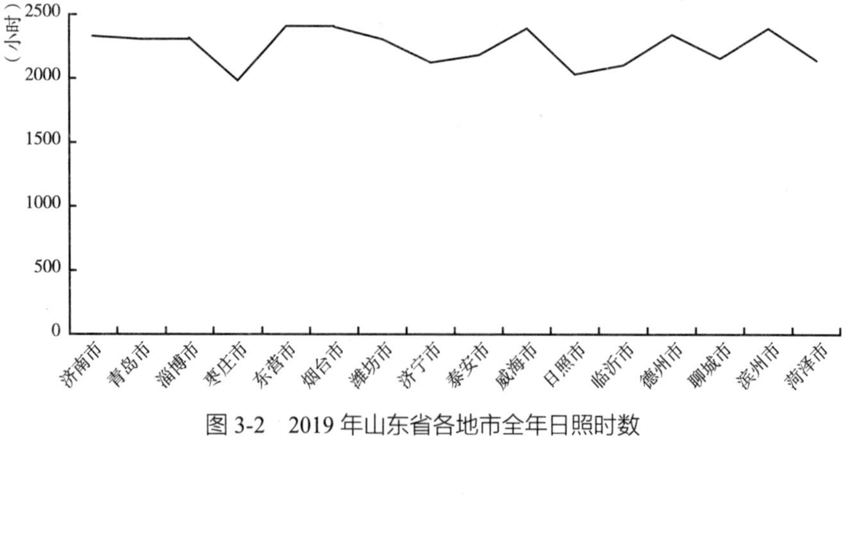

图 3-2　2019 年山东省各地市全年日照时数

综合各地市的资源禀赋条件，将山东省划分为鲁西北、鲁南、东部半岛地区。具体来讲，鲁西北地区包括济南市、淄博市、东营市、德州市、聊城市、滨州市；鲁南地区包括枣庄市、济宁市、泰安市、临沂市、菏泽市；东部半岛地区包括青岛市、烟台市、潍坊市、威海市、日照市。

二　山东省农业发展现状

（一）农业发展趋势

2000—2019 年，山东省各地区农业总体平稳、健康发展，但不容忽视的是，各地的单位面积农业产值差距在逐步拉大，鲁西北地区的单位面积农业产值 2017 年之后落后于鲁南地区，目前整体上来看，东部半岛地区单位面积农业产值最高，鲁南地区次之，鲁西北地区最低（见图 3-3、图 3-4）。

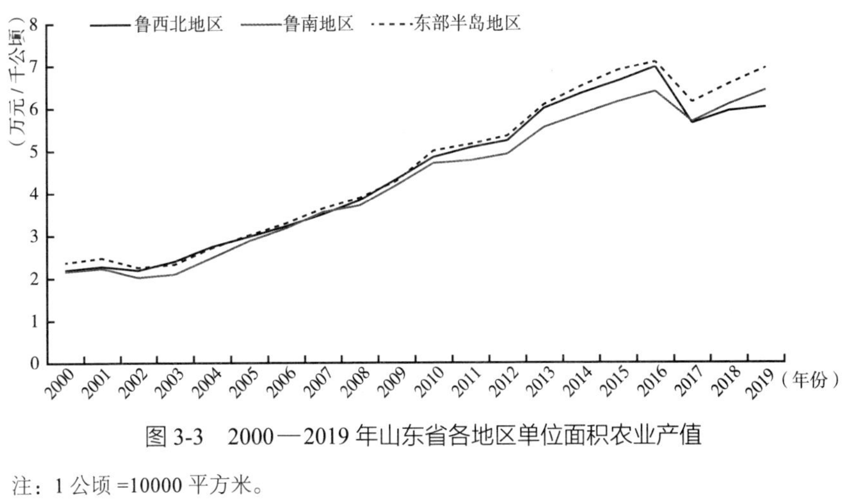

图 3-3　2000—2019 年山东省各地区单位面积农业产值

注：1 公顷 =10000 平方米。

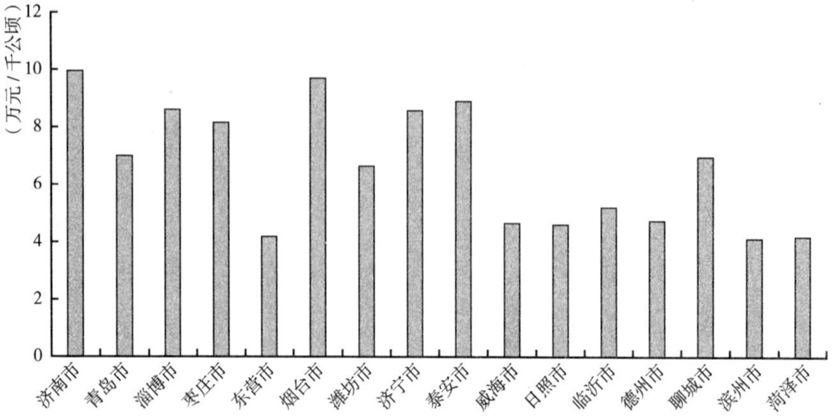

图 3-4 2019 年山东省各地市单位面积农业产值

（二）农业发展组成结构

鲁西北、鲁南、东部半岛地区的农业发展侧重点有显著差异。从种植面积来看，鲁西北地区粮食作物的比例明显高于其他两地区，蔬菜比例略低，油料比例显著低于其他两地区；鲁南地区各种农作物的比例相对比较均衡，其他作物（如药材等高经济价值作物）的比例高于其他两地区；东部半岛地区油料比例显著高于其他两地区，粮食比例最低（见图 3-5）。农业发展侧重点与当地的资源禀赋，即地势、土壤、气候条件关系密切。

（三）农业发展生产效率

对鲁西北、鲁南、东部半岛地区农作物生产效率进行比较，我们用农作物的单产进行衡量，不选用单位面积产值进行核算，原因在于不同地区的物价水平不同。鲁西北地区农作物生产效率的优势在于蔬菜及食用菌，鲁南地区的优势在于粮食，东部半岛地区的优势在于油料和瓜果（见表 3-1）。生产产出的不同可以归因于资源禀赋与劳动、技术的差异。不同地区的土壤、气候条件、劳动力人数以及农业生产技术水平都会对农作物生产效率产生直接影响。

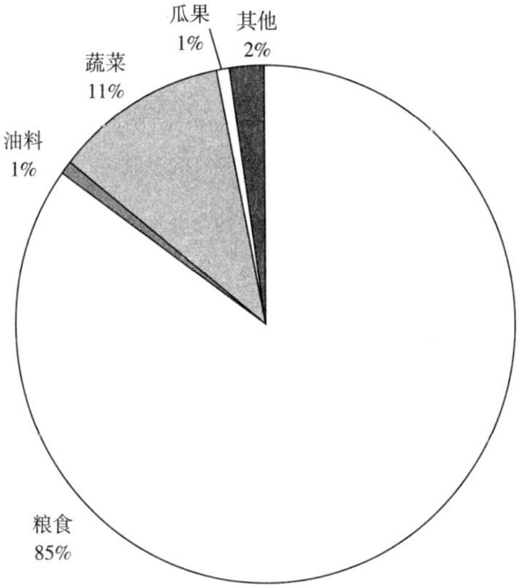

（a）鲁西北地区农业发展组成结构

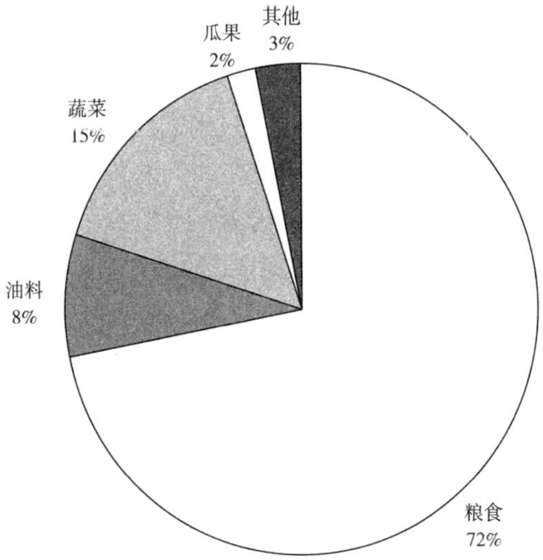

（b）鲁南地区农业发展组成结构

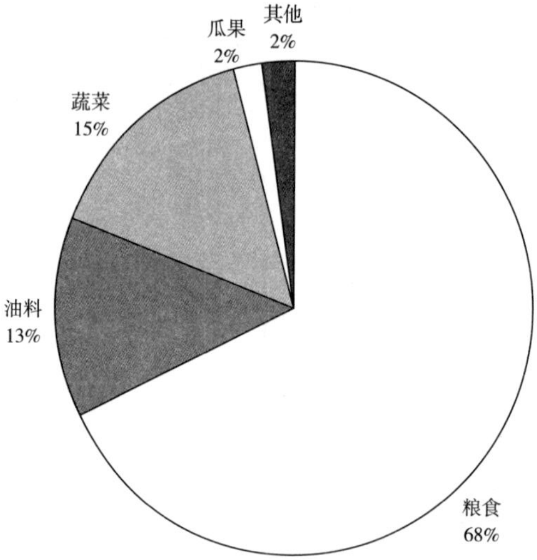

（c）东部半岛地区农业发展组成结构

图 3-5　2019 年山东省各地区农业发展组成结构

表 3-1　2019 年山东省各地区农作物生产效率　　单位：千克 / 公顷

	粮食	油料	蔬菜及食用菌	瓜果
鲁西北地区	6276	3736	61328	51740
鲁南地区	6535	4110	50447	50553
东部半岛地区	5922	4273	59427	54296

通过对农作物生产效率进行对比发现，蔬菜、水果的单产是粮食的 9 倍甚至 10 倍（见图 3-6），可是消费者购买蔬菜、水果时的单价并不比粮食便宜。很多人认为，农民无论是种植蔬菜、水果还是种植粮食，收入应该差异不大，各种农产品的种植门槛很低，投入成本也差不多，同质化竞争严重，可以看作完全竞争市场，因此农民种植任何一种农作物带来的收入是差不多的。这种观点忽视了农民劳动投入的机会成本，农民主要根据收益大小和劳动投入的机会成本来选择种植何种农作物。

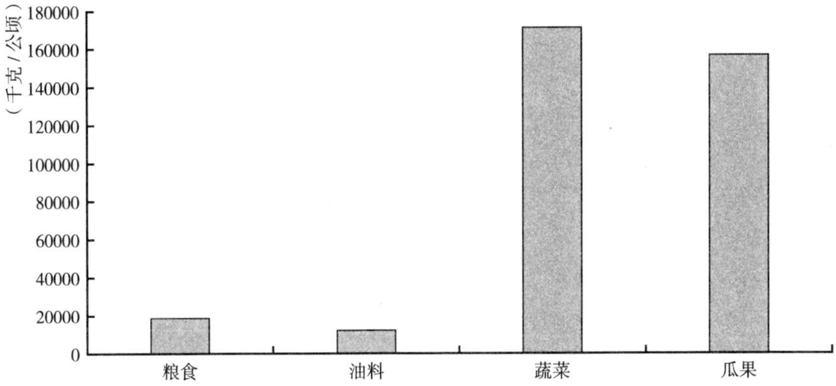

图 3-6　山东省农作物生产效率

农作物种植成本与收益如下：种植小麦，按照高产田来算，亩产 650 千克，收购价 2.4 元/千克，收入合计 1560 元，化肥、农药、种子、机收、机耕、浇水费用粗略合计 600 元，不计算人工，种一季小麦每亩净收益 960 元。而山东种植小麦平均亩产 425 千克左右，每亩净收益就只剩下了 420 元。利用套种技术，一年可以种两季粮食，高产田一年净收入 1920 元，平均来看每亩净收益 1200 元。种植玉米的收益比小麦略低，种植水稻的收益比小麦高。同样按照套种两季来算，平均每亩田每年净收益 1560 元。但水稻的种植更麻烦，同时对灌溉的要求更高，水稻的种植机械化水平没有小麦高，种植一季水稻需要人操作 20 天。蔬菜由于品种不同种植成本差距很大，每亩平均成本在 4000—5000 元，每亩平均产值在 7000—10000 元，因此每亩平均净收益在 2000—6000 元，但蔬菜的种植对劳动的投入要求更高，农民很难抽出时间去务工获得收入，风险也比较高，容易赔本。

农作物流通环节方面，消费者购买蔬菜、瓜果的价格与其地头的收购价格差异大，主要有两个方面的原因：

一是蔬菜、瓜果一般最少经过农户、地头商、经销商、批发商、零售商、消费者这几个环节，每一个环节都要加价。例如，地头商按每斤 0.5 元收购地头菜，经过分拣、运输等以每斤 0.7 元的价格卖给经销商，经销商经过运输加价至 1 元卖给批发商，批发商加价至 1.2 元卖给超市、小商小贩等零售商，零售商加价至 2 元卖给消费者。而粮食的产业链比较集中，政府也会直接收购粮食作为战略储备物资。

粮食需要工业化加工，经过脱水、研磨等工序经由超市或者粮油店卖给消费者，或者储存起来等价高时再卖出。蔬菜、瓜果加价最高的是最后一个环节，但是由于小商小贩每天的销量小，起早贪黑一天的收入也没有很高，我们可以看作最后一个环节即零售商的人工成本太高。从提高农民的收入来说，可以通过缩短产业链的方式来提高农产品价格，把利润从中间商手中“夺”过来。

二是因为蔬菜、瓜果的保鲜要求很高，且时令性很强。一种蔬菜在同一时间段成熟，成熟后必须采摘，否则会影响下一茬农作物的种植，同质化竞争非常严重，因此农民相对于地头商的议价能力很低。

三 山东省农业发展存在的问题

（一）农业区域发展不平衡

在农业发展的过程中，农业生产在规模、结构、生产效率上都显示出区域性差异。在农业产值上，各区域的差距也在扩大。

就农作物的种植来说，农业区域之间出现了不平衡的现象。油料生产效率和播种面积比例最高的都是东部半岛地区，其他地区生产效率最高的品种却不是该地区侧重发展的农作物品种。比较而言，鲁西北地区播种面积比例最大的是粮食（85%），远高于鲁南地区的 72% 和东部半岛地区的 68%，但鲁西北地区粮食的生产效率为 6276 千克 / 公顷，低于鲁南地区的 6535 千克 / 公顷。鲁南地区和东部半岛地区的蔬菜播种面积比例都为 15%，高于鲁西北地区的 11%，但鲁南地区蔬菜的生产效率是 50447 千克 / 公顷，东部半岛地区是59427千克/公顷，都低于鲁西北地区的61328千克/公顷。这说明在农作物的种类选择上各地区存在一定的盲从性，对市场的了解程度不高。

（二）农业收入水平低

粮食的种植相比蔬菜较为简单，对人力的依赖性没那么强，但利润也很低。蔬菜的产量较高，农产品终端售价也较高，但绝大部分利润没有掌握在农民的手中；而且蔬菜的种植要耗费大量人力，普通农户种植蔬菜的收入比不过打工。在山东农村居民的可支配收入中，农业经营收入只占20%，远低于工资性收入（见图3-7）。由于从事农业收入低，利润较少，农民多选择打工以及个体经营等来提高收入。

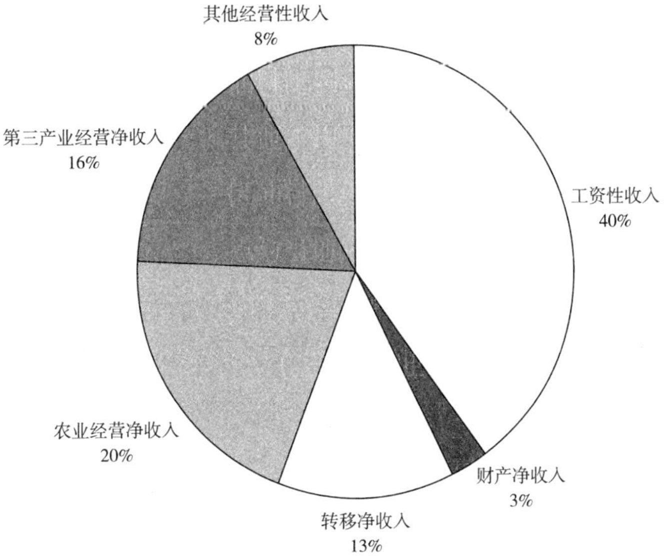

图3-7　2019年山东省农村居民可支配收入比例

四　山东省农业发展问题的形成原因

（一）鲁西北地区农业发展科技水平低

山东省粮食种植的农业机械化水平比其他农作物高很多，鲁西北地区粮食种植的面积比例也高于其他两个地区，但是鲁西北地区的农业机械化水平反而比粮食播种比例最低的东部半岛地区低，鲁西北地区农用机械装备依然不够（见表 3-2、表 3-3）。

表 3-2　2019 年山东省各地区农业机械化水平　　单位：瓦 / 公顷

	农用机械总动力 / 耕地面积
鲁西北地区	13.89
鲁南地区	13.00
东部半岛地区	16.60

表 3-3　2019 年山东省各地市农业机械化水平

	农业机械总动力 / 千瓦	耕地面积 / 千公顷	农机总动力 / 耕地面积（瓦 / 公顷）
济南市	5434827	426036	12.76
青岛市	7516905	514292	14.62
淄博市	2429890	206946	11.74
枣庄市	3093646	235547	13.13
东营市	2614127	229174	11.41
烟台市	7790181	444539	17.52
潍坊市	10213252	790137	12.93
济宁市	9529275	601493	15.84
泰安市	5315266	364400	14.59
威海市	5044731	193650	26.05
日照市	2831903	238195	11.89
临沂市	7891291	833769	9.46

续表

	农业机械总动力 / 千瓦	耕地面积 / 千公顷	农机总动力 / 耕地面积（瓦 / 公顷）
德州市	12281631	642405	19.12
聊城市	10093765	561664	17.97
滨州市	4792173	463319	10.34
菏泽市	9925504	826919	12.00

鲁西北地区在农用化肥的研制、大棚种植技术的推广、农作物种子的培育等方面与其他地区也有一定的差距，有的农民甚至通过盲目增加化肥、农药的使用量来提高产量，造成土壤酸碱度被改变，不利于土壤肥力的可持续发展。

农用机械化发展可以节省农业劳动力资源，鉴于我国人多地少的现实情况，根据诱导性技术进步理论，鲁西北地区应该首先发展节省土地资源的生物技术，但这并不意味着机械化农业发展就应该受到排斥。

综上，提出第一个假说，待检验的原假设为：在其他条件一定的情况下，鲁西北地区农业科技水平对农业发展的促进作用低于其他两个地区；备择假设为：在其他条件一定的情况下，鲁西北地区农业科技水平对农业发展的促进作用不低于其他两个地区。

（二）鲁南地区农业发展加工业带动能力不足

鲁南地区加工业发展规模较小，农产品加工业在农业发展的过程中没有充分挖掘区域特色，没有与农业充分、紧密结合，形成风险共担、利益共享的机制（见表 3-4、表 3-5），因此对农业的带动能力不强，主要原因如下。

一是鲁南地区农产品品牌知名度低。鲁南地区的农产品加工虽然数量多，但没有形成国内知名的农产品品牌，在农产品品牌推广上以线下的博览会、农产品交易会为主，没有充分借助互联网的力量；而且鲁南地区的农产品加工业以投资商投资的加工业为主，以农民为主体创办的农产品加工业几乎是空白。

二是企业与农户之间仍有很多是传统的“买断”形式，双方没有形成风险共担的整体。虽然也有企业与农户之间签订了农产品的远期合约，但企业以质量不达标为由临时压价和由于价格上涨农民提高价格偷偷卖出的现象仍然存在，双方合同履约能力差，农产品加工企业的成本没有办法得到有效的控制。

表 3-4　2019 年山东省各地区产业结构

	第一产业 / 亿元	第二产业 / 亿元	第二产业与第一产业的产值比
鲁西北地区	249.63	1644.96	6.59
鲁南地区	336.88	1345.88	4.00
东部半岛地区	386.84	2337.50	6.04

表 3-5　2019 年山东省各地市产业结构

	第一产业 / 亿元	第二产业 / 亿元	第二产业与第一产业的产值比
济南市	343.06	3265.22	9.52
青岛市	409.98	4182.76	10.20
淄博市	149.30	1817.84	12.18
枣庄市	158.87	736.98	4.64
东营市	145.73	1675.11	11.49
烟台市	550.42	3185.48	5.79
潍坊市	517.42	2291.04	4.43
济宁市	503.84	1760.01	3.49
泰安市	288.67	1036.20	3.59
威海市	288.61	1196.34	4.15
日照市	167.77	831.88	4.96
临沂市	409.48	1742.48	4.26
德州市	311.88	1263.70	4.05
聊城市	317.60	806.88	2.54
滨州市	230.21	1041.01	4.52
菏泽市	323.56	1453.74	4.49

以菏泽市为例，目前菏泽市的农产品加工企业有2000家左右，占规模以上加工企业的55%，有山东银香伟业集团、中国巨鑫源集团、菏泽尧舜牡丹生物科技有限公司、菏泽天鸿果蔬有限公司等企业带动的生产基地40多万公顷，带动农户100多万。虽然菏泽的农产品加工工业基础广泛，规模巨大，但目前农产品加工缺乏区域特色，品牌知名度不高，也没有国家级农产品加工龙头企业。

根据品牌经济学理论，鲁南地区可以增加同一价格水平下消费者的农产品需求量，使需求曲线右移，同时品牌的依赖性可以降低需求弹性，提高均衡价格，增加消费者和生产者剩余。从农业产业化的层次来讲，鲁南地区大多遵循龙头企业加农户的新古典契约关系，比起农户加市场的古典契约关系，农户收入更稳定，契约关系更长久，但不排除引入第三方进行契约仲裁的情况。

综上，提出第二个假说，待检验的原假设为：在其他条件一定的情况下，鲁南地区农产品加工业对农业发展的带动作用低于其他两个地区；备择假设为：在其他条件一定的情况下，鲁南地区农产品加工业对农业发展的带动作用不低于其他两个地区。

（三）东部半岛地区农业发展年轻人口缺失

东部半岛地区的城镇人口与农村人口的比值显著高于其他两个地区（见表3-6和表3-7），说明东部半岛地区的城市化水平较高。位于东部半岛地区的青岛、烟台、潍坊、威海等地人口倾向于城镇，大量农村的年轻人在县城和城市落户，城市建设发展起来了，但是农村土地耕种不仅缺少青壮劳动力，更缺少年轻人先进的技术水平、新颖的农业发展思路、大胆的创业精神，缺少年轻人的农业没有长久发展的活力。

表 3-6　2019 年山东省各地区人口结构

	农村人口 / 万人	城镇人口 / 万人	城乡人口比值
鲁西北地区	196.17	329.75	1.68
鲁南地区	329.78	417.67	1.27
东部半岛地区	210.01	425.47	2.03

表 3-7　2019 年山东省各地市人口结构

	农村人口 / 万人	城镇人口 / 万人	城乡人口比值
济南市	256.48	634.39	2.47
青岛市	245.85	704.13	2.86
淄博市	131.32	338.36	2.58
枣庄市	160.47	232.83	1.45
东营市	67.04	150.93	2.25
烟台市	246.83	466.97	1.89
潍坊市	353.67	581.48	1.64
济宁市	336.82	498.78	1.48
泰安市	214.06	349.44	1.63
威海市	88.71	194.89	2.20
日照市	115.01	179.89	1.56
临沂市	504.02	562.69	1.12
德州市	270.01	304.84	1.13
聊城市	288.33	321.50	1.12
滨州市	163.85	228.45	1.39
菏泽市	433.55	444.62	1.03

根据农业劳动力转移理论，东部半岛地区经济发展水平较高，因此农业劳动力向城市以及非农部门转移，农业人口占社会总劳动力的比例会比较低。同样，由于东部半岛地区城市与非农部门的生产效率远高于农业部门，生产效率提高带来的拉力更强。农业劳动力包括农业劳动力的数量和质量，城市与非农部门生产效率的提高以及产生的拉力作用，不仅使得农业劳动力的数量比例降低，而且转移的这一部分农业劳动力在质量（即年龄与文化技术）

上也高于留下的农业劳动力。

综上，提出第三个假说，待检验的原假设为：在其他条件一定的情况下，东部半岛地区农业人口对农业发展的贡献低于其他两个地区；备择假设为：在其他条件一定的情况下，东部半岛地区农业人口对农业发展的贡献不低于其他两个地区。

第四章

山东省农业发展影响因素的实证分析

本章主要探索影响山东省农业发展的因素。首先介绍研究的核心解释变量与核心被解释变量，解释变量综合考虑了耕地、人口、技术、财政及产业结构这五个方面；其次展示变量的统计特征与研究的基本计量模型，为保证研究的有效性，对所用面板序列数据的平稳性进行单位根检验，随后进行基准回归与稳健性检验，阐释回归结果；最后基于山东省不同地区的回归结果，对影响山东省农业发展的诸多因素进行深入讨论。

一　变量的选择

由第一章的文献综述、第二章的理论基础和第三章提出的假设，确定了如下变量。

（一）被解释变量

农业发展水平（*GAP*）：农业产值是反映农业发展水平的综合因素，选用各地市的农业产值来代表农业发展水平。

（二）解释变量

耕地面积（*ArableLand*）：在自然条件中耕地面积对农业发展有基础性的影响。

农业人口（*AgriPeo*）：农业人口反映了农业发展中劳动的投入。刘书成等研究指出，乡村振兴需要留住实用人才，以提高农业发展的内生动力。①

农业科技水平（*AgriMachine*）：农业科技水平的衡量因素有很多，有效灌溉面积、农用化肥施肥折纯量、农用塑料薄膜使用量、农药施用量、农用机械总动力等都可以表示农业科技水平。如表 4-1 所示，农用机械总动力与其他变量均具有良好的相关性，斯皮尔曼相关系数与皮尔逊相关系数均在 0.73 以上，同时出于模型稳健性的考虑，选用农用机械总动力来代表农业科技水平。

表 4-1　农业科技水平衡量指标的相关系数矩阵

	有效灌溉面积	农用化肥施肥折纯量	农用塑料薄膜使用量	农药施用量	农用机械总动力
有效灌溉面积	1	0.9079*	0.8051*	0.6728*	0.8856*
农用化肥施肥折纯量	0.9451*	1	0.8494*	0.7793*	0.8676*
农用塑料薄膜使用量	0.7919*	0.8381*	1	0.6177*	0.7756*
农药施用量	0.7524*	0.8043*	0.6440*	1	0.7625*
农用机械总动力	0.9104*	0.8949*	0.7356*	0.8056*	1

注：* 表示显著性水平在 1% 以上。

① 参见刘书成、崔迪：《农村劳动力再就业问题在乡村振兴中的重要作用》，《农业与技术》2021 年第 8 期。

财政支出水平（*AgriExpend*）：用农林水务支出占一般财政预算的比重来表示。孙红霞在研究财政支农支出对山东省农业发展的影响时，选用农林水务支出作为变量，利用面板数据模型得出财政支农支出应该有区域倾斜的结论。①

产业结构（*IndustryStruct*）：用第二产业与第一产业的比值来表示。蒋和平等论述了农业发展应该与第二产业、第三产业紧密结合，建立新型的生产、供给和经营体系。②

二 模型的设定

为了增强实证研究的解释力，整理了山东省各地市近 20 年的面板数据，数据均来自《山东统计年鉴》。其中，耕地面积 2009—2011 年数据缺失（用前后三年的数据线性插值）、2017 年数据缺失（用 2016 年和 2018 年两年的平均值表示）、2019 年数据缺失（用 2018 年的数据代替）；农业人口 2005 年数据缺失（插值法拟合）；2019 年莱芜并入济南，2019 年两地数据全部缺失（用 2018 年的数据代替）；有效灌溉面积 2019 年数据缺失（用 2018 年的数据代替）。

变量的描述性统计如表 4-2 所示。

表 4-2　变量的描述性统计

		均值	标准误	最小值	最大值	观测值
ln *GAP*	总体	14.20616	0.76921	11.96895	15.56289	
	组间		0.636142	12.77211	14.97988	
	组内		0.457917	13.33871	14.93358	

① 参见孙红霞：《山东省财政支农支出对农业经济增长贡献的地区差异研究——基于 17 地市及三大经济区域面板数据分析》，《乡镇经济》2008 年第 10 期。

② 参见蒋和平、郭超然、蒋黎：《乡村振兴背景下我国农业产业的发展思路与政策建议》，《农业经济与管理》2020 年第 1 期。

续表

		均值	标准误	最小值	最大值	观测值
ln *ArableLand*	总体	12.78636	0.645043	11.00914	13.64563	N=340 n=17 T=20
	组间		0.659562	11.147	13.58386	
	组内		0.073762	12.55986	12.94543	
ln *AgriPeo*	总体	5.563955	0.658732	3.912623	6.715059	
	组间		0.645171	4.212153	6.499196	
	组内		0.202513	5.155053	5.936411	
ln *AgriMachine*	总体	15.40944	0.710068	13.43129	16.5387	
	组间		0.703116	13.69068	16.22127	
	组内		0.193734	14.84858	15.8053	
AgriExpend	总体	0.089646	0.034966	0.019044	0.17747	
	组间		0.016024	0.053694	0.112558	
	组内		0.031309	0.019742	0.213423	
IndustryStruct	总体	6.671844	4.326285	0.532334	22.4148	
	组间		4.083514	2.834193	17.90500	
	组内		1.725181	−0.19118	11.18164	

注：数据为山东省 17 地市的年度面板数据，均来自《山东统计年鉴》。N 为总观测值，n 为山东省地级市数量，T 为年数。

为缓解异方差的影响，对绝对量进行对数化处理，可以看到，变量中没有异常值与缺失值。基本计量模型设定为式（4-1）：

$$\begin{aligned}\ln GAP = \beta_0 + \beta_1 \ln ArableLand + \beta_2 \ln AgriPeo + \beta_3 \ln AgriMachine \\ + \beta_4 AgriExpend + \beta_5 \left(-IndustryStruct\right) + \mu\end{aligned} \quad (4\text{-}1)$$

三　面板单位根检验

一些时间序列虽然表现出了共同的变化趋势，但是这些数列不一定是平稳的，此时对模型进行回归，结果虽然也有较高的 R^2，但是没有任何实际意义。只有把一个时间序列的截距项和时间趋势剔除后，如果仍满足球形扰动假定，才能认为序列是平稳的。进行单位根检验时有三种检验模式：既有趋势又有截距、只有截距、以上都无。而本书选用了近 20 年的数据，时间跨度较大，因此为了避免伪回归，确保估计结果的有效性，必须对各面板序列的平稳性进行检验。

采用相同根单位根检验——LLC（Levin-Lin-Chu）检验和不同根单位根检验——Fisher-ADF 检验，如果在两种检验中均拒绝存在单位根的原假设，那么表明此序列是平稳的，反之则不平稳。

由表 4-3 中 LLC 检验与表 4-4 中 Fisher-ADF 检验结果可知，模型所需数据为平稳化序列。

表 4-3　LLC 检验

变量	假设检验				
	最优滞后系数	含个体固定效应与时间趋势项	仅含个体固定效应项	均不含	结论
ln *GAP*	3	拒绝 ***	拒绝 **	接受	平稳
ln *ArableLand*	3	拒绝 ***	拒绝 ***	拒绝 **	平稳
ln *AgriPeo*	4	拒绝 **	接受	接受	平稳
ln *AgriMachine*	4	拒绝 **	拒绝 **	接受	平稳
AgriExpend	5	接受	接受	拒绝 ***	平稳
IndustryStruct	3	接受	拒绝 *	接受	平稳

注：* 表示 $P<0.1$，** 表示 $P<0.05$，*** 表示 $P<0.01$。

表 4-4　Fisher-ADF 检验

变量	假设检验				
	最优滞后系数	含个体固定效应与时间趋势项	仅含个体固定效应项	均不含	结论
ln *GAP*	3	接受	拒绝	接受	平稳
ln *ArableLand*	3	接受	拒绝	接受	平稳
ln *AgriPeo*	6	拒绝	拒绝	拒绝	平稳

续表

变量	假设检验				
	最优滞后系数	含个体固定效应与时间趋势项	仅含个体固定效应项	均不含	结论
ln *AgriMachine*	6	拒绝	拒绝	接受	平稳
AgriExpend	1	接受	拒绝	拒绝	平稳
IndustryStruct	1	拒绝	拒绝	接受	平稳

注：由于每一次假设检验 Stata 都会报告四个 *P* 值，因此对于每一次假设检验都采用投票原则决定是否拒绝原假设。

四　模型回归与检验

理论上，农业产值与各地市的气候有关，而气候又会通过影响农业财政支出水平这个解释变量来影响被解释变量农业产值。农业产值是会随着个体而改变的，也可能会存在不随时点变化的遗漏变量，即气候的问题，导致存在扰动项与解释变量相关，即内生性问题，会导致参数估计的非一致，因此采用个体固定效应变截距模型。另外，豪斯曼（Hausman）检验结果 *P* 值为 0.0000，拒绝原假设，即接受备择假设个体固定效应模型。因此，出于稳健性的考虑，决定采用个体固定效应模型。为避免选择标准误差的影响，即组内自相关和组间异方差的影响，采用聚类稳健的方法来进行回归。回归结果如表 4-5 所示。

表 4-5　回归结果

	被解释变量：ln *GAP*			
	（1）	（2）	（3）	（4）
	鲁西北地区	鲁南地区	东部半岛地区	山东省整体
ln *ArableLand*	0.795 （0.4868）	0.197* （0.0841）	0.359 （0.5996）	0.428 （0.3006）

续表

	被解释变量：ln *GAP*			
	（1）	（2）	（3）	（4）
	鲁西北地区	鲁南地区	东部半岛地区	山东省整体
ln *AgriPeo*	-0.996^{***} （0.1960）	-1.029^{***} （0.1967）	-1.292^{***} （0.1602）	-1.058^{***} （0.1025）
ln *AgriMachine*	0.559^{**} （0.2026）	0.991^{***} （0.1683）	0.468^{**} （0.1502）	0.690^{***} （0.1252）
AgriExpend	3.800^{***} （0.8135）	2.792^{*} （1.3390）	2.852^{**} （0.7599）	3.176^{***} （0.4988）
IndustryStruct	0.043^{**} （0.0134）	0.013 （0.0202）	0.010 （0.0075）	0.029^{***} （0.0082）
常数项	0.077 （6.1165）	2.180 （3.2707）	9.162 （9.2828）	3.502 （4.4307）
个体效应	控制	控制	控制	控制
时间效应	—	—	—	—
N	120	120	100	340
拟合优度 R^2	0.8385	0.8759	0.9172	0.8669

注：括号内为参数的标准误，* 表示 $P<0.1$，** 表示 $P<0.05$，*** 表示 $P<0.01$。

可以看到，表 4-5 中各地区回归结果的拟合优度 R^2 都在 0.83 以上，采取 OLS 与聚类稳健的方式进行回归不必考虑异方差的影响。

对模型的稳健性检验，采取更换数据进行对比。三个地区采用相同的模型进行回归，把对三个地区模型的稳健性检验放在一起处理，将数据换成山东省全境的数据。表 4-5 显示，模型系数的正负符号均未改变；系数大小均趋于平均值；显著性明显增强，均在 1% 以上，说明模型是稳健的。

五　山东省农业发展影响因素的回归结果讨论

（一）山东省整体结果讨论

解释变量耕地面积没有显示出应有的显著性，猜测是出于以下三方面的原因：一是数据缺失较多；二是在耕地上可能存在违规搭建建筑物等耕地侵占情况；三是种地收入低，租赁市场不发达，存在部分耕地被荒废的情况。

解释变量产业结构有很强的显著性，山东省应该着力优化与农业相关的第二、第三产业建设，利用第二、第三产业的力量助力农业发展。

解释变量财政支出水平有很强的显著性，在系数比较上，财政补贴在鲁西北地区发挥的作用最大，说明财政补贴应该适当地向鲁西北地区倾斜。

孙红霞利用面板数据模型发现，山东中部、西部地区农业发展更需要财政补贴，鲁西北地区与其重合地市较多，说明在过去十几年的发展中，鲁西北地区依旧没有摆脱财政依赖，农业发展缺乏内生动力。①

其他变量，如农业人口、农业科技水平等，不过多讨论。

（二）鲁西北地区结果讨论

解释变量农业科技水平对鲁西北地区农业发展存在较强的正向影响，但系数明显小于单位耕地面积农用机械总动力相似的鲁南地区，这说明鲁西北地区在农用机械的大规模应用上存在较大的提升空间，农用机械没有发挥出应有的作用，存在农用机械被闲置的问题。可能是农用机械与当地的地形地

① 参见孙红霞：《山东省财政支农支出对农业经济增长贡献的地区差异研究——基于17地市及三大经济区域面板数据分析》，《乡镇经济》2008年第10期。

势、土壤硬度等无法匹配，或者农民不懂得如何使用，导致部分农用机械被闲置。

崔锐分析了农业科技创新的动力机制与现实路径，提出农业科技创新应该进行资源整合。鲁西北地区与鲁南地区单位面积农用机械总动力相似，说明两地区农业科技水平相当，通过计量分析的系数比较发现，农业科技水平对两地区农业发展的贡献力不同，因此他提出鲁西北地区农业科技创新可能由于农民文化水平有限不会使用新科技、科技创新水土不服等而存在严重的资源浪费与资源错配问题。①

综上，第一个假说接受原假设，拒绝备择假设，即在其他条件一定的情况下，鲁西北地区农业科技水平对农业发展的促进作用低于其他两个地区。

其他控制变量，如耕地面积、农业人口、财政支出水平、产业结构等，不过多讨论。

（三）鲁南地区结果讨论

解释变量产业结构对鲁南地区的农业发展的影响系数不显著，说明鲁南地区的加工业没有发挥出对农业应有的带动作用，应该加强农产品品牌推广以及企业与农户的合作。陈兢通过对被解释变量农村产业集聚指数进行分类，分别进行面板数据回归，提出电子商务对农村产业集聚有良好的促进作用，鲁南地区在农产品品牌推广上应该借助电子商务的发展以实现农业与第二、第三产业更好的融合。②

综上，第二个假说接受原假设，拒绝备择假设，即在其他条件一定的情

---

① 参见崔锐:《乡村振兴战略背景下我国农业科技协同创新的动力机制与现实路径》,《农业经济》2021 年第 2 期。

② 参见陈兢:《乡村振兴视角下电子商务发展对农业产业集聚的影响——以广西为例》,《商业经济研究》2021 年第 8 期。

况下，鲁南地区农产品加工业对农业发展的带动作用低于其他两个地区。

其他控制变量，如耕地面积、农业人口、农业科技水平、财政支出水平等，不过多讨论。

（四）东部半岛地区结果讨论

解释变量农业人口对东部半岛地区的农业发展有很显著的负向影响，在系数比较上，其绝对值高于其他两个地区，说明年轻农业人口的缺失对东部半岛地区的农业发展起到了很强的负向作用。城市的收入水平较高，导致大量农业人口外溢，东部半岛地区应该一方面提高农业的自动化程度，减少人力的参与；另一方面提供能够在乡村本地就业的岗位，使农民不出村就能获得较高的收入。

王钿等通过对农户代际传承意愿形成机理进行讨论，提出土地流转与土地确权带来的产权稳定以及要素结构优化带来的收入稳定提升会显著提高农户代际传承意愿。这两方面表明了农民对风险的厌恶，因此东部半岛地区在留住农业人口方面应该考虑农民的风险承受能力，给予农民稳定的预期。①

综上，第三个假说接受原假设，拒绝备择假设，即在其他条件一定的情况下，东部半岛地区农业人口对农业发展的贡献低于其他两个地区。

其他控制变量，如耕地面积、农业科技水平、财政支出水平、产业结构等，不过多讨论。

---

① 参见王钿、王晓琼、刘国勇：《乡村振兴背景下农户农业代际传承意愿研究》，《农业经济》2021年第4期。

第五章
山东省农业区域差异化发展策略

本章是基于第四章回归结果的进一步分析，在第四章中我们对山东省农业发展的五大影响因素进行了实证研究，结果显示，在山东省不同地区间，影响因素的显著性程度存在较大差异。例如，耕地面积对农业发展的回归系数在鲁南地区的样本中显著，在其他地区的样本中未通过显著性检验。本章将依据不同地区内影响因素的显著性程度，具体问题具体分析，提出能够充分发挥要素作用效应，有利于当地农业发展的建议。

一　山东省整体农业发展策略

（一）加快土地流转

回归结果显示，除了鲁南地区，耕地面积对农业产值的影响并不显著，耕地没有作出其应有的对农业发展的贡献，缺少经济活力，可从以下两方面作出改进。

一是要推进土地确权，土地所有权、承包权、使用权分离，为农业规模化经营提供保证，进一步释放经济活力，吸引投资商，同时保证农民的收入。

二是要严守耕地红线，将整理出的宅基地、闲置地优先用于农业产业建设，例如农产品加工工厂、乡村农产品储藏地等。确保足够的耕地面积是发展农业的基础。

（二）优化产业布局

产业链的发展要积极与农业进行融合。

政府层面，一是要引进和培育龙头企业进行带动。以龙头企业为引领，带动本地第二、第三产业发展，形成农业全产业链，覆盖农业的生产、运输、加工、销售，真正实现农业的生产技术升级、运输体系完备、深度加工保证、销售渠道畅通；二是要帮助农业合作社与政府和企事业单位对接；三是要对农产品加工业与农产品批发零售业给予适当的税收优惠。

企业层面，一是要推进农产品的深度加工，当农产品遭遇淡季与销售不畅时，企业低价购买进行深度加工，延长农产品保质期，同时迎合顾客口味的变化；二是要加快发展冷链物流，保证物流速度，确保产品在运输过程中降低损耗；三是要探索新型农贸市场管理体系，提升农贸市场卫生化水平与服务质量。

（三）促进农业合作社建设

一是提高对农业专业合作社的财政补贴，如土地流转补贴、农资综合补贴、农业保险补贴、农机购置补贴等，通过对农业合作社的补贴降低农业合作社的进入门槛，提高社会资金对农业合作社领域的关注度。

二是改进国有银行对农业合作社的风险评估系统。农业投资回报周期长，银行应该适当放缓对农业投资资金的回笼速度，对于有发展潜力的农业合作社，降低其贷款的门槛。

三是给予项目支持。政府在农业合作社发展前期给予项目上的支持，加大对农业专业合作社的培育力度。

（四）财政补贴区域倾斜

山东省整体的农业财政补贴要适当地向鲁西北地区倾斜。一是完善各地市农业财政支出预算，对每一笔财政预算都要进行严格的审查。二是完善对各地区的农业发展水平评价体系。对农业发展的评价不能单纯依靠产值，还要考虑对环境的影响，对于可持续的、环境友好型的地市，要给予奖励。

二 鲁西北地区农业发展策略

（一）发展机械化农业

机械化农业在美国的发展水平较高。美国的耕地大多地势平坦、土壤肥沃，设施农业发展程度高，小麦、棉花等大宗农作物基本实现了播种、施肥、打药、收割一体化，甚至有的用上了卫星遥感；实施专业化种植，形成了国际著名的农业生产带，如南部的棉花带、中北部的玉米带。

鲁西北地区地势相对平坦，粮食种植比例高，粮食种植的机械成熟度相对较高，具有发展机械化农业的条件。

政府层面，一是要加大对农业合作社的专项财政补贴。大型农业机械多数是农业专业合作社集体筹资购买的，政府可以通过设立对农业机械的专项拨款来促进农业机械的购买。二是要加派技术人员指导。对农民如何使用农业机械进行指导，确保农业机械能够投入使用。

企业层面，一是要重视农业机械设备创新。在农业机械的技术研发上要充分结合地形地势以及作物种类，提升农业机械设备的一体化和自动化程度。二是要对农民如何使用机械进行充分讲解，必要时安排员工对其进行培训。

（二）产学研融合

产指的是企业，学指的是高校，研指的是科研机构。产学研融合模式是指企业利用市场与资金优势、高校与科研机构利用自己的技术优势进行合作。主要模式有：成果直接转让模式，这种模式比较传统，但部分科研成果落地难，企业承接意愿不强烈；资源共享模式，是指高校与科研机构提供文献、仪器与人才，企业提供厂房作为中期实验或实习基地；共建平台模式，指的是企业与高校或科研机构一起组建企业、研究中心等，这种模式下企业与高校或科研机构联系紧密，更有利于成果的转化；战略联盟模式，是指依托第三方组织多个企业、高校与科研机构就某一问题进行攻关，适合大型的科研项目。

鲁西北地区虽然依托济南丰富的高校和科研机构资源，如山东大学、山东省农业科技创新中心和山东省农业科学院等，但在农业发展的过程中却没有充分利用，产学研融合策略可以极大地弥补该地区农业科技水平不足的问题。

首先，地方政府要加大对产学研课题项目基金的支持力度，提高农业产学研课题项目的基金规模，对申报农业产学研项目的企业，降低高新技术企业的认证难度，在税收上给予一定的优惠。

其次，高校与科研机构积极推进产学研项目的立项与成果转化，可以在官方渠道进行成果的发布，吸引企业前来合作。

最后，农业企业要加大技术投入力度，依托产学研项目，形成在农业技术水平上的核心竞争力，应对竞争日益激烈的市场。

三　鲁南地区农业发展策略

（一）发展品牌农业

品牌农业主要有三种模式：产地品牌模式、产品品牌模式和渠道品牌模式。产地品牌模式是指该地区某种农产品达到一定的规模和质量水平后，可以获得国家地理标志农产品认证。产品品牌模式是以企业的品牌为主导，但存在以下几个问题：差异化问题，比如口感的改进需要投入极大的成本或者赋予产品某种文化寓意；季节性问题，要形成品牌必须四季不间断地供应，就需要大棚的建设；竞争性问题，农产品在一些外观、寓意上作出改进，很容易被模仿。由于这些难题的存在，消费者对产品品牌认知度浅，这种模式不是首选。渠道品牌模式如盒马鲜生、顺丰优选等，由渠道公司对农产品质量进行保证。

政府层面，一是要深挖区域特色，对本地农业生产进行有重点的支持，在产地品牌上大力发展“三品一标”即无公害、绿色、有机以及地理农产品认证；二是要建立农产品加工园区，促进农产品加工企业之间的交流合作，加强农产品加工企业之间的资源整合，同时强化农产品加工企业的品牌意识。

企业层面，一是要积极推进线上品牌建设，与互联网产业进行深度融合，借助互联网的巨大流量提高品牌知名度；二是要发展以特色农产品加工为主体的加工体系，结合本地农产品的优势，针对农产品的区域特色，进行深加工和细加工。

（二）完善订单农业

订单农业发展模式可以解决农民对市场不了解的问题，保障农产品的销售。目前该模式主要以“公司 + 农户”“公司 + 合作社 + 农户”的方式进行组织。公司和农户订立农产品的远期合约，同时规定好农产品在种植中的要求，如农药、化肥使用标准，有的企业直接给农户提供农药与化肥，有的企业直接对种植的农产品规格提出要求，这种组织方式可以抹平农产品价格周期给农户和企业带来的风险。但主要的问题是，在“公司＋农户”的方式中到期违约的现象仍时有发生，如农产品价格上涨农民偷偷卖掉或者农产品价格下跌公司以农产品不符合规格拒收。相比“公司＋农户”的方式，“公司＋农户＋合作社”的方式有合作社履行监督的责任，对农户种植进行统一组织，有效地规避了违约带来的信用问题。

鲁南地区农产品加工企业数量多，但农产品加工工厂没有与农户进行有效的结合，企业的成本没办法得到有效的控制，无法形成国家级农业加工龙头。如果农业与农产品加工工业进行深度融合，那么鲁南地区的农业发展会更上一层楼。

政府层面，一是要加大对农产品交易信用违约的处罚力度。农产品交易的信用违约严重制约了企业与农户的有机结合，阻碍形成风险共担、利益共享的机制。二是要促进农业合作社与企业的有机结合。农业合作社在增强企业与农户之间的联系上发挥着重要的中介作用，对于农业合作社与企业之间的结合，政府要给予鼓励。

企业层面，一是要完善利益分配体系。通过农户、合作社、种植大户之间的股权协议，激励农户在合作生产上的积极性。二是要为农户提供生产资料和技术标准。通过向农户提供特定的化肥以及种植标准，保证农产品的生产质量。

四　东部半岛地区农业发展策略

（一）推进智慧农业

智慧农业是农业发展的高级阶段，代表着未来农业发展的方向。智慧农业是依托物联网技术发展起来的农业生产模式，以遥感技术、卫星定位、智慧浇灌系统、传感器采集温度和湿度指标等为主要技术手段，可以实时对农作物的生长进行监控，极大地解放人力。此外，这种生产模式可以与互联网进行连接，消费者通过手机等终端就可以了解农作物的生长情况，对农产品进行溯源，实现产地与消费者之间的零距离。

东部半岛地区经济发展程度高，企业实力雄厚，可以依托深厚的技术储备和资金实力，进一步提高农业发展的自动化程度，大大解放人力。同时，东部半岛地区消费水平高，人们的可支配收入多，可以消化掉智慧农业发展前期高成本带来的高端农产品。

政府层面，一是要推进涉农数据共享中心建设。完善涉农数据共享中心的行业标准，对涉农数据的建设企业进行整体规划，打破“信息孤岛”。二是要加快土地流转。分散的农户发展智慧农业缺乏相应的实力，可以将分散的土地集中起来，为发展规模化的智慧农业创造条件。三是要积极引进相关企业。当前智慧农业产业园的发展主要是依靠政府的财政支持，真正由企业依靠市场力量发展的很少，缺少在相关领域深耕的企业。

企业层面，一是要增加技术研发投入。智慧农业的发展对技术储备的要求较高，深厚的技术储备可以帮助企业建立起核心竞争力。二是要提高市场调研精准度。找到对智慧农业生产的农产品具有消费能力的人群，以产品溯源质量保证、有机农产品等为卖点对这一部分人群进行精准的广告宣传。

（二）发展休闲农业

休闲农业是农业与休闲旅游业进行深度融合的一种模式，现在的休闲农业已经从单一的观光旅游式如“农家乐”向休闲、体验、教育方面转变，如城市周围的村镇日益重视发扬农耕文化，倡导贴近自然、愉悦身心。

东部半岛地区休闲旅游业发达，具有农业与休闲旅游业进行融合的良好基础，可以通过创办生态农业园区等，倡导贴近自然，吸引都市人群消费。休闲农业的发展可以使农业人口在当地实现就业，如果在家乡就业就能有更好的收入，他们是愿意留在家乡的，这样能为农村的发展留住更多的年轻人，而且年轻人都熟悉互联网的使用，可以为农产品找到更好的销售渠道，为乡村振兴注入活力。

政府层面，要加大对区域文化内涵的宣传力度。政府可以以农耕文化为主导，对采摘乐趣、农耕体验等方面进行宣传，也可以对地理优势、历史名人、风俗文化等方面进行重点宣传，其间应充分借助报纸、电视等传统媒体以及微博、微信、抖音等新媒体平台。

企业层面，一是要增加对农民的培训。休闲农业不同于传统农业，它注重对消费者的服务水平，而农民缺乏相关的培训，增加对农民的培训可以提升游客的消费体验。二是要引导农民在当地就业。农民可以在休闲农业产业园内打工，也可以从事手工制作、餐饮和民宿等，增加产业园的服务层次。

第六章

山东省农业全要素生产率的估计与评价

前面几章综合诠释了什么是农业全要素生产率（TFP），给出了详细的概念定义与指标意义，本章将进行山东省农业全要素生产率的 LP 估计与结果分析。首先，介绍全要素生产率这一概念的发展历程及其现实意义；其次，使用四种方法、三个要素估计山东省农业全要素生产率，并进行详细的模型推导；再次，在证明所使用估计方法的有效性后，使用 2000—2016 年的山东省农业统计数据，依据 LP 方法计算了山东省农业全要素生产率；最后，对估计结果进行分析和评价。

一　估计方法

本章运用 LP、FE、RE、OLS 方法对山东省农业 TFP 进行估计，根据农业生产方式选择劳动力、土地、资本三个生产要素来测算，进行比较之后运用 Hausman 检验 LP 估计方法的有效性。阿米尔 · 佩特林（Amil Petrin）等针对生产函数的残差中 TFP 和生产要素投入的相关性，加入了中间变量，避免了内生性问题，使得参数估计具有一致性。① 因为用 OLS、FE、RE 方法估计 TFP，会高估劳动对产出的贡献度，所以本书基于 Cobb-Douglas 生产函数来估计山东省农业 TFP。

根据内生增长理论的观点，出口提高生产率主要是基于以下三个方面：一是与国外的贸易往来扩大了市场，可以实现更大的生产规模经济，降低本国消费市场对产品的需求；二是出口企业的对外贸易需要面对国际市场的竞争，因此会不断改进技术、提高生产效率，从而使得生产率提高；三是出口企业与国际市场的接触，实现了技术和知识的溢出。从理论上来说，农产品出口的增加能够从这三个方面提高农业 TFP。本章对山东省农业 TFP 进行估计，并对农业 TFP 现状进行评价。因变量 $y_{i,t}$ 为农业总产出，劳动力人数 $l_{i,t}$ 和中间投入 $m_{i,t}$ 为自由变量，资本投入 $k_{i,t}$ 为状态变量，取值均为其自然对数。除要素投入外对产出的贡献部分为 $\omega_{i,t}$，即要估计的 TFP。使用 LP 方法估计 TFP 有以下三个假定。

一是中间投入受到资本投入、TFP 的影响，所以中间投入与资本投入、TFP 的函数关系为

$$m_{i,t} = m_{i,t}\left(k_{i,t}, \omega_{i,t}\right) \tag{6-1}$$

二是当资本投入一定时，中间投入与 TFP 单调递增，将式（6-1）取逆，可以得到

$$\omega_{i,t} = \omega_{i,t}\left(k_{i,t}, m_{i,t}\right) \tag{6-2}$$

三是生产率服从一阶马尔科夫链，得到

① Petrin A , Poi B P , Levinsohn J , “Production Function Estimation in Stata Using Inputs to Control for Unobservable”, *Stata Journal*, 2004, 4(2):113-123.

$$\omega_{i,t} = E\left[\omega_{i,t}|\omega_{i,t-1}\right] + \xi_{i,t} \tag{6-3}$$

使用 LP 估计，首先对 $\phi_{i,t}(k_{i,t}, m_{i,t})$ 进行估计，式中 $v_{i,t}$ 为产出的增加值，得到

$$v_{i,t} = \beta_0 + \beta_l l_{i,t} + \beta_k k_{i,t} + \omega_{i,t} + \eta_{i,t} = \beta_l l_{i,t} + \phi_{i,t}\left(k_{i,t}, m_{i,t}\right) + \eta_{i,t} \tag{6-4}$$

变形可得

$$\phi_{i,t}\left(k_{i,t}, m_{i,t}\right) = \beta_0 + \beta_k k_{i,t} + \omega_{i,t}\left(k_{i,t}, m_{i,t}\right) \tag{6-5}$$

对 $y_{i,t} = \delta_0 + \beta_l l_{i,t} + \sum_{h=0}^{3}\sum_{j=0}^{3-i} \delta_{ij} k_{i,t}^h m_{i,t}^j + \eta_{i,t}$ 进行 OLS 估计，得到

$$\hat{\phi}_{i,t} = \hat{v}_{i,t} - \hat{\beta}_l l_{i,t} = \hat{\delta}_0 + \sum_{h=0}^{3}\sum_{j=0}^{3-i} \hat{\delta}_{ij} k_{i,t}^h m_{i,t}^j - \hat{\beta}_l l_{i,t} \tag{6-6}$$

再进行第二阶段的估计，β_k^* 和 β_m^* 取任一可能值，预测出 $\omega_{i,t}$ 的值，估计 $\hat{\omega}_{i,t}$ 为

$$\hat{\omega}_{i,t} = \hat{\phi}\left(k_{i,t}, m_{i,t}\right) - \beta_k^* k_{i,t} + \beta_m^* m_{i,t} \tag{6-7}$$

$$\hat{\omega}_{i,t} = \gamma_0 + \gamma_1 \omega_{i,t-1} + \gamma_2 \omega_{i,t-1}^2 + \gamma_3 \omega_{i,t-1}^3 + \varepsilon \tag{6-8}$$

由式（6-8），生产函数的残差可以写成

$$\hat{\eta}_{i,t} + \hat{\xi}_{i,t} = y_{i,t} - \hat{\beta}_l l_{i,t} - \beta_k^* k_{i,t} + \beta_m^* m_{i,t} - E\left[\omega_{i,t}|\hat{\omega}_{i,t-1}\right] \tag{6-9}$$

再对 β_k 和 β_m 进行一致有效估计，最优化条件为

$$\min\sum_{i,t}\left(v_{i,t}-\hat{\beta}_l l_{i,t}-\beta_k^* k_{i,t}-E\left[\omega_{i,t}|\hat{\omega}_{i,t-1}\right]\right)^2 \tag{6-10}$$

完成以上步骤，就得到了 l、k 的系数的一致有效估计，计算可得 TFP 的一致有效估计。

佩特林等提出了 LP 方法的 Stata 命令，本书运用该命令对山东省农业 TFP 进行估计。①

二　数据及模型

本书使用 2000—2016 年《山东统计年鉴》及中国经济与社会发展统计数据库中山东省的农业统计数据。本书估计的是山东省农业 TFP，前文阐述的式子中，自由变量包括两个：一是劳动力，二是土地。建立的模型为

$$y_{i,t}=\beta_0+\beta_l l_{i,t}+\beta_k k_{i,t}+\beta_r n_{i,t}+\beta_m m_{i,t}+\omega_{i,t}+\eta_{i,t} \tag{6-11}$$

其中，i 代表不同城市，t 代表年份，n_{it} 代表实际灌溉面积。*output* 为用以 1999 年为基期的定基环比 CPI（消费价格指数）计算之后的农业增加值（单位：亿元）；固定资本投入用各市农业机械总动力 *machine*（单位：万千瓦）来代替；*labor* 为第一产业从业人员数（单位：万人），用乡村从业人员数代替，为自由变量；*area* 表示各市当年实际灌溉面积（单位：千公顷），为状态变量；*pesti* 表示农药使用量（单位：吨）；*ferti* 表示农用化肥施用量（单位：万吨），为中间投入，指的是用于农业生产的化肥施用量按照有效成分折

① Petrin A , Poi B P , Levinsohn J , "Production Function Estimation in Stata Using Inputs to Control for Unobservable", *Stata Journal*, 2004, 4(2):113-123.

算的数量。为计算山东省农业 TFP，所有变量取自然对数，描述性统计结果见表 6-1。

表 6-1　变量的描述性统计

变量	变量描述	*N*	平均值	中位数	标准差	最小值	最大值
output	$\ln y$	289	12.69	12.92	0.66	11.15	13.71
machine	$\ln k$	289	15.40	15.51	0.72	13.47	16.53
labor	$\ln l$	289	14.50	14.63	0.62	13.14	15.53
area	$\ln n$	289	5.31	5.44	0.72	3.51	6.32
pesti	$\ln p$	289	8.95	9.01	0.68	7.09	9.99
ferti	$\ln f$	289	3.11	3.15	0.68	1.30	4.07

参数之间的皮尔逊相关系数见表 6-2。

表 6-2　皮尔逊相关系数

变量	$\ln y$	$\ln k$	$\ln l$	$\ln n$	$\ln f$
$\ln y$	1				
$\ln k$	0.720	1			
$\ln l$	0.858	0.825	1		
$\ln n$	0.839	0.867	0.825	1	
$\ln f$	0.878	0.892	0.895	0.914	1

注：因变量 $\ln p$ 在后文的实证分析中并没有使用，所以这里没有报告相关系数。

估计的 TFP 为

$$\hat{\omega}_{i,t} = \exp\left(y_{i,t} - \hat{\beta}_l l_{i,t} - \hat{\beta}_k k_{i,t} - \hat{\beta}_r n_{i,t} - \hat{\beta}_m m_{i,t}\right) \tag{6-12}$$

用 LP 方法估计的结果为

$$\ln y_{i,t} = 0.3950\ln l_{i,t} + 0.4126\ln k_{i,t} + 0.4105\ln n_{i,t} + \hat{\omega}_{i,t} \quad (6\text{-}13)$$

上述结果显示，如果第一产业从业人员数增加 1%，农业产出将会增加 39.50%；如果固定资本投入增加 1%，农业产出将会增加 41.26%。

由于使用 LP 方法，土地和劳动力的系数估计只在 10% 的置信度水平上显著，因此本章再用 OLS、FE 和 RE 方法估计，比较结果见表 6-3。

表 6-3 基于 OLS、LP、FE、RE 方法的估计系数比较

	（1）	（2）	（3）	（4）	（5）
	FE	RE	LP	OLS	OLS
$\ln k$	0.2313^{***} （0.0535）	0.3827^{***} （0.0510）	0.4126^{**} （0.1604）	0.416^{***} （−7.62）	0.285^{***} （−4.47）
$\ln l$	0.4904^{***} （0.0527）	0.4517^{***} （0.0560）	0.3950^{*} （0.2207）	0.443^{***} （6.49）	0.668^{***} （11.17）
$\ln n$	0.2804^{***} （0.0517）	0.3122^{***} （0.0546）	0.4105^{*} （0.2228）	0.319^{***} （4.79）	0.540^{***} （8.94）
$\ln f$	0.4012^{***} （0.0746）	0.5381^{***} （0.0757）		0.568^{***} （7.11）	
常数项	6.4022^{***} （0.8792）	8.6998^{***} （0.8588）		9.206^{***} （10.43）	4.515^{***} （6.64）
N	289	289	289	289	289
年数	17	17	17	17	17
R^2	0.8724			0.839	0.809

注：***、**、* 分别代表在 1%、5%、10% 的置信度水平上显著。括号中的数字代表估计标准误。

可以看出，用 FE、RE、OLS 方法估计出来的资本、劳动力、土地、化肥的系数都在 1% 的置信度水平上是显著的。但用 LP 方法估计出来的拟合优度比 FE、RE 都要高，资本的系数明显高于 FE、RE 的估计结果，劳动力

的系数低于 FE、RE 的估计结果，说明 LP 方法相较于 FE、RE 更能体现资本对农业 TFP 的作用效果，更少地体现了劳动力对农业 TFP 的作用效果。用 OLS 估计易出现选择性偏误的问题，有无中间投入的作用，对结果影响很大。因此本章接着用 Hausman 检验法来检验 LP 和 FE 方法的结果、LP 和 RE 方法的结果（见表 6-4、表 6-5）。

表 6-4　LP、FE 方法的 Hausman 检验结果

	—Coefficients—			
	（b）	（B）	（$b-B$）	sqrt｛diag[$V(b)-V(B)$]｝
	tfp_LP	tfp_FE	Difference	S.E.
ln l	0.395	0.490	−0.0954	0.239
ln n	0.410	0.280	0.130	0.196
ln k	0.413	−0.231	0.644	0.123

$$\text{chi2}(6)=(b-B)'[(V(b)-V(B)]^{-1}(b-B)$$
$$=29.64$$
$$\text{Prob}>\text{chi2}=0.0000$$

表 6-5　LP、RE 方法的 Hausman 检验结果

	—Coefficients—			
	（b）	（B）	（$b-B$）	sqrt｛diag[$V(b)-V(B)$]｝
	tfp_LP	tfp_RE	Difference	S.E.
ln l	0.395	0.452	−0.0567	0.238
ln n	0.410	0.312	0.0983	0.195
ln k	0.413	−0.383	0.795	0.124

$$\text{chi2}(6)=(b-B)'[(V(b)-V(B)]^{-1}(b-B)$$
$$=43.95$$
$$\text{Prob}>\text{chi2}=0.0000$$

表 6-6　2000—2016 年山东省各地市农业 TFP

	济南市	青岛市	淄博市	枣庄市	东营市	烟台市	潍坊市	济宁市	泰安市	威海市	日照市	莱芜市	临沂市	德州市	聊城市	滨州市	菏泽市
2000 年	0.4505	0.3579	0.3415	0.4520	0.3840	0.3160	0.2896	0.2548	0.3686	0.3073	0.4158	0.4769	0.2957	0.2598	0.2355	0.2497	0.2403
2001 年	0.3885	0.3200	0.3167	0.4122	0.3774	0.3267	0.2842	0.2164	0.3415	0.2898	0.3507	0.4603	0.2619	0.2307	0.2125	0.1859	0.2095
2002 年	0.3406	0.2737	0.2872	0.4037	0.3137	0.3071	0.2799	0.1997	0.3231	0.2618	0.3005	0.4323	0.2262	0.2213	0.1840	0.1590	0.1913
2003 年	0.3026	0.2413	0.2943	0.3582	0.3004	0.2951	0.2856	0.1830	0.3196	0.2434	0.2618	0.4176	0.2163	0.2117	0.1655	0.1859	0.1784
2004 年	0.3333	0.2453	0.2512	0.3981	0.2791	0.3278	0.2636	0.1861	0.3005	0.2150	0.2598	0.4429	0.1958	0.2121	0.1792	0.1936	0.1990
2005 年	0.3248	0.2303	0.2498	0.3872	0.2577	0.3223	0.2348	0.1895	0.3114	0.1952	0.2655	0.4193	0.1895	0.1964	0.1590	0.1838	0.1930
2006 年	0.3009	0.2005	0.2328	0.3635	0.2492	0.2876	0.1904	0.1956	0.2840	0.1653	0.2251	0.3968	0.1626	0.1746	0.1507	0.1686	0.1721
2007 年	0.2675	0.1923	0.2468	0.3425	0.2324	0.2724	0.1734	0.1933	0.2562	0.1442	0.1988	0.3659	0.1407	0.1656	0.1416	0.1647	0.1627
2008 年	0.2649	0.2005	0.2402	0.3680	0.2267	0.2649	0.1722	0.2161	0.2512	0.1177	0.1961	0.3830	0.1301	0.1520	0.1587	0.1561	0.1520
2009 年	0.2587	0.1900	0.2313	0.3623	0.2005	0.2348	0.1700	0.1901	0.2397	0.1033	0.1842	0.3782	0.1254	0.1369	0.1371	0.1539	0.1395
2010 年	0.2780	0.2171	0.2465	0.3614	0.2089	0.2716	0.1663	0.1974	0.2442	0.0867	0.1820	0.4610	0.1311	0.1256	0.1292	0.1391	0.1305
2011 年	0.2511	0.1993	0.2230	0.3462	0.1961	0.2416	0.1606	0.1776	0.2247	0.0888	0.1616	0.4263	0.1219	0.1229	0.1168	0.1196	0.1174
2012 年	0.2297	0.2005	0.2075	0.3229	0.1827	0.2228	0.1592	0.1614	0.2106	0.0840	0.1515	0.4037	0.1129	0.1058	0.1115	0.1097	0.1039
2013 年	0.2302	0.2044	0.2004	0.3023	0.2001	0.2282	0.1561	0.1560	0.2017	0.0797	0.1529	0.3634	0.1131	0.1036	0.1075	0.1104	0.0896
2014 年	0.2315	0.1846	0.1856	0.2768	0.1737	0.2198	0.1556	0.1500	0.1841	0.0799	0.1493	0.3608	0.1066	0.1032	0.1030	0.0958	0.0852
2015 年	0.2259	0.1901	0.1816	0.2711	0.0950	0.1989	0.1458	0.1396	0.1777	0.0818	0.2256	0.3093	0.0909	0.0929	0.1002	0.0914	0.0775
2016 年	0.2439	0.1990	0.2077	0.3036	0.1511	0.2110	0.1535	0.1540	0.1766	0.0804	0.1691	0.3332	0.1001	0.1066	0.1122	0.1063	0.0964
均值	0.2896	0.2263	0.2438	0.3548	0.2370	0.2676	0.2024	0.1859	0.2597	0.1544	0.2265	0.4265	0.1600	0.1601	0.1473	0.1514	0.1493

从上述结果可知，用 LP 方法估计的山东省农业 TFP 的资本的系数相对 OLS、FE、RE 更大，劳动力的系数相对更小，土地的系数相对更大。说明用 LP 方法估计能更多地体现资本和技术对农业产出的作用。[①] 而用 OLS 估计易出现样本选择性偏误或者联系性偏误的问题，通常学术界使用 LP 方法对 TFP 进行估计，本章也使用 LP 方法进行估计。使用 LP 方法可以保留所有样本，虽然不能解决选择性偏误的问题，但可以解决共时性偏误的问题。因为 LP 方法没有选择投资额作为代理变量，而是用中间投入指标来作为代理变量，中间投入指标的数据相对于投资额更容易获得。LP 方法可以根据可获得数据的特点灵活地选择代理变量，比如本书选择农药使用量和农用化肥施用量作为中间投入。

三 结果与评价

本书运用 LP 方法来估计 2000—2016 年山东省农业 TFP，结果显示，莱芜市的农业 TFP 均值最高，聊城市的农业 TFP 均值最低，农业 TFP 均值较高的城市有莱芜市、枣庄市、济南市、烟台市、泰安市，农业 TFP 均值超过 0.25，农业 TFP 均值低于 0.15 的城市为聊城市、菏泽市（见表 6-6）。这说明莱芜市、枣庄市、济南市、烟台市、泰安市投入的生产要素生产率相对其他城市较高。

用 Stata 15.0 制作山东省各市农业 TFP 散点图（见图 6-1）和分布频率直方图（见图 6-2）。从图 6-1 中可以看出，2000—2016 年山东省农业要素投入的生产率整体呈现下降趋势。总体上看，2000—2016 年各市的农业 TFP 呈现先缓慢下降，以 2013 年为转折点再缓慢上升的趋势。这说明 2000—2013 年山东省各市的农业要素投入的生产率逐渐降低，2013 年之后，要素

① Petrin A , Poi B P , Levinsohn J , "Production Function Estimation in Stata Using Inputs to Control for Unobservables", *Stata Journal*, 2004, 4(2):113-123.

生产率逐渐增加，但增长幅度不大。从图 6-2 中可以看出，山东省各市农业 TFP 基本呈正态分布，取值为 0.07—0.48。经计算，2000—2016 年山东省农业 TFP 均值为 0.2181。

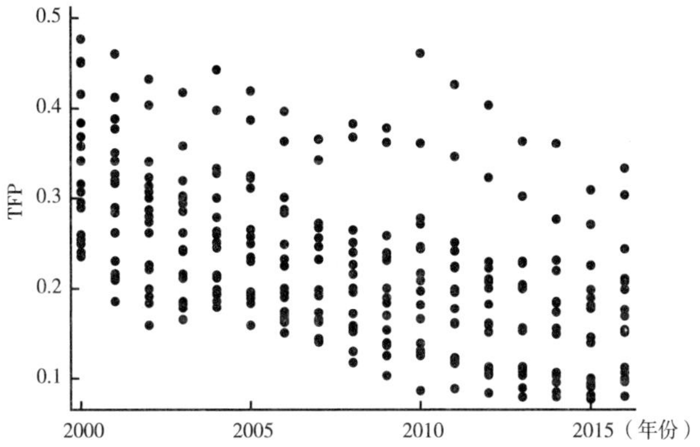

图 6-1　2000—2016 年山东省各市农业 TFP 散点图

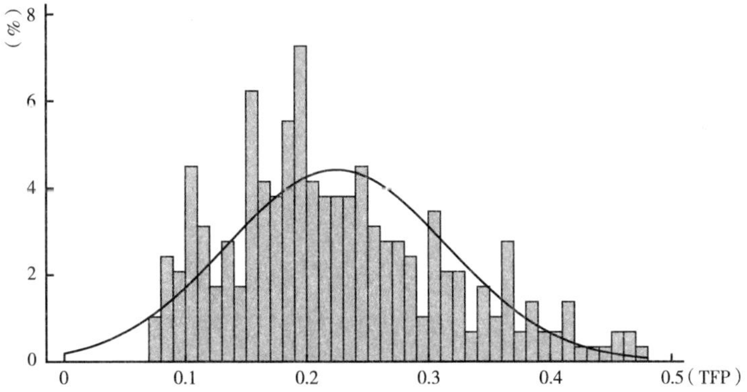

图 6-2　山东省各市农业 TFP 分布频率直方图

2000—2016 年，农业 TFP 变化率均值为 -2.88%，这意味着山东省农业 TFP 在 2000—2016 年以均值为 2.88% 的速度下降。

2000—2016 年，山东省各市农业 TFP 下降主要是因为劳动力的流失和资源配置效率的降低。劳动力、资本的投入不足，或是资源配置效率降低，都会降低 TFP，导致经济增速放缓。

就山东省农业生产要素的投入而言，山东省农业劳动力流失严重，农业发展主要靠政府资金投入。一直以来，农村经济发展缓慢，导致山东省农业劳动力流失严重，2000—2016年出现严重的农村劳动力结构性失衡和农村劳动力流失，剩余农村劳动力以女性为主。山东省第一产业年底就业人数从2000年的2887.7万人减少到2017年的1856.6万人。“十二五”期间，山东省注重发挥财政资金的引导作用，财政投资农业综合开发项目超过380亿元。2015—2018年，山东省财政投入农机装备研发创新资金3亿元，并在2018年将农机装备制造应用作为山东省新旧动能转换“十强”产业的重要内容。2015年年初，山东省成为首批新型农村金融试点省份，试点数量增加，农村金融业务快速发展，经过三年的试点已经形成了一套完整的信用互助业务流程规范和示范社认定标准。但山东省的农业发展还需要继续拓宽融资渠道，减少政府直接补助。

就资源配置效率而言，山东省对农业生产资源的利用效率较低，农业仍然属于资源消耗高、效益低的产业，农业生产资源的利用率远低于一般发达国家水平。比如，农田水能利用率只有农业高产国家的60%，复种指数只有发达国家的86%，灌溉水利用率只有发达国家的37%，林地利用率只有发达国家的50%，单位产值耗能高出发达国家4—10倍。同时，山东省农业机械化水平虽然高于全国平均水平，但农业机械发展结构不合理，存在单项机械化过度、农机利用率低等问题。农业机械化水平是发展山东省现代农业的基础，农业技术水平也影响着农业资源配置效率。2005年以来，山东省农业科技水平不断提升，但农业科技水平的提升对农业TFP的作用不明显，这是因为技术转化需要一定的时间，近些年农业技术提升的难度越来越大，前沿技术进步速度放慢，阻碍了山东省农业TFP的提升。

经济增长的直接来源主要有两个，分别是生产要素积累的增长和TFP的提升。要实现山东省农业TFP的提高，一方面要解决山东省农村劳动力流失和技术进步缓慢的问题，在不断创造条件增加农民收入的同时，还应该关注农村劳动力进城务工造成的农地荒废问题，应该在加强农村土地流转的基础上发挥规模经济和技术经济的作用，促进农业生产率的提升；另一方面要解决资源配置效率较低的问题。除此之外，山东省农业 TFP 的提升还应该重视以下几个方面。

一是关注科技体制机制改革，这是“藏粮于技”的关键。处理好政府和市场的关系，强化公共部门的应用基础研究，强化知识产权保护，使企业成为科技创新的主体；深化农技推广体制改革，提升基层的推广能力。重点关注三方面的关键技术：生物技术，即强化生物育种，推进转基因等生物育种产业化；数字技术，即提升水土、劳动力、资金等要素的利用效率与生产力；装备技术，即提升所有生产要素特别是劳动力的生产力。

二是提升水土资源生产力，这是“藏粮于地”的关键。关注耕地的数量与质量，特别是高标准农田的建设和低产农田的改造。同时，提高水资源利用率与生产力，着眼于供给和需求两方面改革。

三是关注供给侧结构性改革与创新，提升农业 TFP。优化农业经营主体、生产方式和区域布局；推进高效、高质、多功能的高值与永续农业发展；促进产业链延伸与增值；推进市场改革，实施“水稻小麦价补分离”政策，创造优质、优价的市场环境，建立高标准的收入补偿机制。

第七章

山东省农业全要素生产率增长潜力的估计与评价

山东省农业 TFP 的损失主要是要素价格扭曲造成的，要素价格扭曲主要来自劳动力和资本两个方面。本书采用谢长泰等[①]和阿达莫普洛斯等[②]的模型对山东省农业 TFP 损失进行估计，首先对所使用的模型进行介绍；其次进行数值模拟，对要素价格扭曲程度进行估计和评价，从而测算出山东省农业 TFP 的损失。

一　理论模型

山东省各市农业生产函数符合规模报酬不变的 Cobb-Douglas 生产函数，土地资源禀赋不变。$y_{i,t}$ 表示 i 城市 t 年份的产出；生产要素包括劳动力 l、资

---

① Hsieh C T , Klenow P J , "Misallocation and Manufacturing TFP in China and India", *MPRA Paper*, 2007,124(4):1403-1448.

② Adamopoulos T , Brandt L , Leight J , "Misallocation, Selection and Productivity: A Quantitative Analysis with Panel Data from China", *Econometrica*, 2022,90(3):1261-1282.

本 k、土地 n；α、$1-\alpha$ 分别为劳动力、资本对产出的贡献比例①；γ 为权重参数，控制了三种生产要素的收入份额；参数 A_α 表示生产函数的生产力系数；不同城市的农业生产能力是异质的，用 $s_{i,t}$ 来表示。因此，i 城市 t 年份的生产函数为

$$y_{i,t}=\left(A_\alpha s_{i,t}\right)^{1-\gamma}\left(l_{i,t}^{\alpha}k_{i,t}^{1-\alpha}\right)^{\gamma} \tag{7-1}$$

则利润函数为

$$\pi_{i,t}=y_{i,t}-\left(1+\tau_{i,t}^{k}\right)rk_{i,t}-\left(1+\tau_{i,t}^{l}\right)ql_{i,t} \tag{7-2}$$

其中，q、r 分别表示竞争性条件下土地、资本的租赁价格，$\tau_{i,t}^{k}$、$\tau_{i,t}^{l}$、$\tau_{i,t}^{n}$ 分别表示三种生产要素的价格扭曲。农业生产要素分配的的扭曲就是通过这些“楔子”来体现的。*MRPL*、*MRPK* 分别表示劳动力、资本这两种生产要素的边际收益：

$$MRPL_{i,t}=\frac{y_{i,t}}{l_{i,t}}\alpha\gamma=\left(1+\tau_{i,t}^{l}\right)q \tag{7-3}$$

$$MRPK_{i,t}=\frac{y_{i,t}}{k_{i,t}}\left(1-\alpha\right)\gamma=\left(1+\tau_{i,t}^{k}\right)r \tag{7-4}$$

资源的配置效率不仅取决于 TFP，还与各种生产要素的扭曲有很大关系。式（7-3）和式（7-4）体现了 *MRPL*、*MRPK* 和扭曲 τ 之间的关系，扭曲越大，TFP 越小，生产要素的边际收益越大。

---

① 从第六章关于山东省农业 TFP 的研究可以计算得出在 Cobb-Douglas 生产函数中，劳动力的弹性 α 为 0.67，资本的弹性 $1-\alpha$ 为 0.33。

谢长泰等[①]区分开了 TFPR（以收益为基础的生产率）和 TFPQ（以产出为基础的生产率），分析资源错配的依据是，当经济处于有效状态时，各个城市的 TFPR 不会存在离差，如果存在离差，就说明各要素的生产率有提高的空间。

式（7-5）体现了 $TFPR_{i,t}$ 与扭曲 τ、边际生产率 $\widetilde{TFPR}$ 之间的关系，扭曲越大，*TFP* 越低，*TFPR* 越小，边际生产率越小，边际生产率与 *TFPR* 成正比。

$$TFPR_{i,t}=\frac{y_{i,t}}{l_{i,t}^{\alpha}k_{i,t}^{1-\alpha}}=\widetilde{TFPR}\left(1+\tau_{i,t}^{l}\right)^{\alpha}\left(1+\tau_{i,t}^{k}\right)^{1-\alpha} \tag{7-5}$$

在本书的模型中，*TFP* 可以表示为

$$TFP_{i,t}\equiv\left(A_{\alpha}s_{i,t}\right)^{1-\gamma}=\frac{y_{i,t}}{\left(l_{i,t}^{\alpha}k_{i,t}^{1-\alpha}\right)^{\gamma}} \tag{7-6}$$

总产出可以由各市产出加总得到，即 $Y=\sum_{i=1,t=2000}^{M,T}y_{i,t}$，$L$ 表示加总的劳动力，K 表示加总的资本，M 表示城市数量，因此，得到总的生产函数式（7-7）、*TFP* 表达式（7-8）：

$$Y=TFP\cdot M^{1-\gamma}\cdot\left(L^{\alpha}K^{1-\alpha}\right)^{\gamma} \tag{7-7}$$

$$TFP=\left[\frac{A_{\alpha}\sum_{i=1,t=2000}^{M,T}s_{i,t}\left(\frac{\overline{TFPR}}{TFPR_{i,t}}\right)}{M}\right]^{1-\gamma} \tag{7-8}$$

其中，基于收益的全要素生产率的平均值为

---

① Hsieh C T , Klenow P J , “Misallocation and Manufacturing TFP in China and India”, *MPRA Paper*, 2007,124（4）：1403-1448.

$$\overline{TFPR}=\frac{\widetilde{TFPR}}{\left[\sum_{i=1,t=2000}^{M,T}\frac{y_{i,t}}{Y\left(1+\tau_{i,t}^{l}\right)}\right]^{\alpha}\cdot\left[\sum_{i=1,t=2000}^{M,T}\frac{y_{i,t}}{Y\left(1+\tau_{i,t}^{k}\right)}\right]^{1-\alpha}} \tag{7-9}$$

二　数值来源

第六章已经估计出山东省农业TFP的值，本章需要用资本的价格和土地的租金数据来计算农业TFP扭曲的值。资本的价格 r 由《中国农村统计年鉴》中的农业生产资料价格指数和《山东农村统计年鉴》中2000年年末生产性固定资产原值计算得出，单位为元；土地的租金 q 由《山东农村统计年鉴》中的2000年农村商品交易市场成交额与农村商品交易市场成交量之比计算的各类农产品交易价格,《山东统计年鉴》中的山东省各市谷物、大豆、油料、棉花、蔬菜、水果年产量和山东省农产品生产者价格指数推算得出，单位为亿元。r、q 取值用居民消费价格指数换算，取值情况见表7-1。

表7-1　农业生产要素价格的描述性统计结果

变量	N	均值	中位数	标准差	最小值	最大值
r	289	6393.06	5803.14	2809.68	1600.61	14415.82
q	289	257.92	216.06	167.12	20.68	698.86

三　要素配置扭曲程度的估计及评价

（一）要素配置扭曲程度的估计

根据本章第一节提供的模型数据，可以计算出劳动力、资本两个生产要

素的价格扭曲程度 $\tau_{i,t}^{l}$ 、 $\tau_{i,t}^{k}$ 的值。τ^{l} 代表山东省农业面临的劳动力扭曲税，τ^{k} 代表山东省农业面临的资本扭曲税。要素价格的扭曲会使得要素边际价格不同，劳动力市场的扭曲通常会降低劳动力的价格，资本市场的扭曲则相反。也就是说，$\tau_{i,t}^{l}$ 越高的城市，其农业劳动力所获得的工资越低；$\tau_{i,t}^{k}$ 越高的城市，其农业固定投资成本越高，购买相同的农用固定资产需要付出更多钱。通过山东省农业生产要素扭曲程度的散点图发现，山东省各市农业劳动力要素扭曲在 2000—2016 年整体上呈现缓慢上升的趋势，各市农业资本要素扭曲在 2000—2016 年整体上基本稳定，有缓慢上升的趋势（见图 7-1）。

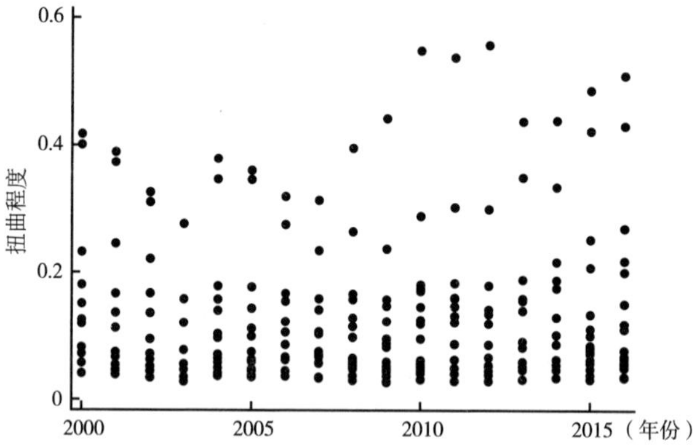

（a）山东省农业劳动力要素扭曲程度

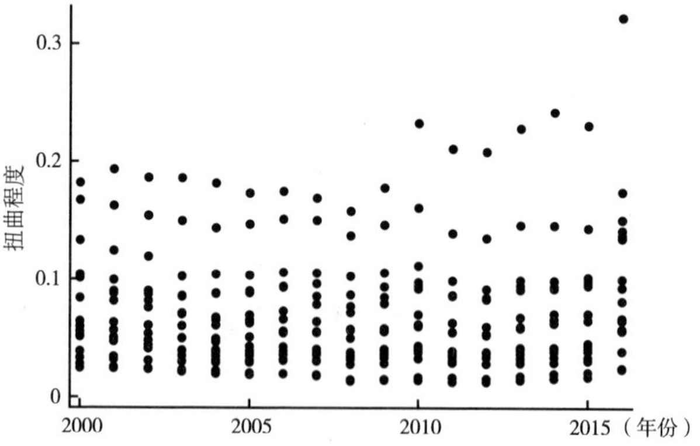

（b）山东省资本要素扭曲程度

图 7-1　2000—2016 年山东省农业生产要素相对扭曲程度散点图

为了更明确地阐述农业生产要素总体的扭曲程度，本书以资本、劳动力的弹性系数来计算山东省农业生产要素总体扭曲系数 D：

$$D=\left(1+\tau^{l}\right)^{\alpha}\cdot\left(1+\tau^{k}\right)^{1-\alpha} \tag{7-10}$$

两种扭曲系数的含义不同，相对扭曲系数体现了山东省农业要素价格扭曲相对状况和资源使用成本的相对信息；总体扭曲系数反映了要素配置情况下使用成本的绝对值情况，是要素优化配置后的农业要素价格加成。山东省农业生产要素总体扭曲程度见图 7-2。劳动力、资本的相对扭曲系数和总体扭曲系数的变化趋势相似，相对扭曲系数取值在 0 和 1 之间，总体扭曲系数取值在 1.028 和 1.444 之间并呈上升趋势。

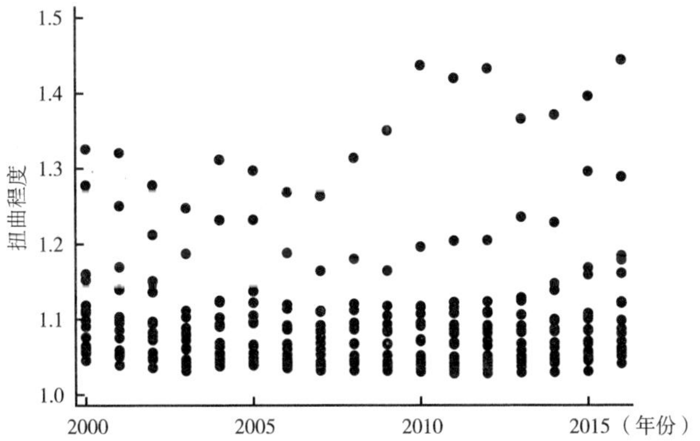

图 7-2　2000—2016 年山东省农业生产要素总体扭曲程度散点图

山东省农业生产要素相对扭曲程度、总体扭曲程度的描述性统计见表 7-2。

表 7-2　山东省农业生产要素扭曲程度的描述性统计

	N	均值	中位数	标准差	最小值	最大值
τ^{l}	289	0.0516	0.0309	0.0610	0.00439	0.398
τ^{k}	289	0.0326	0.0215	0.0312	0.00251	0.180
D	289	1.0990	1.0756	0.7911	1.02822	1.4442

（二）要素配置扭曲程度的评价

从图 7-1、图 7-2 可以看出，山东省农业劳动力的扭曲程度 2000—2010 年较为平缓，2010 年之后扭曲程度增加，且波动幅度较 2010 年之前更大。农业资本的扭曲程度 2010 年前低于 0.2，2010 年之后部分城市的资本的扭曲程度超过 0.2，但总体波动幅度不大。比较图 7-1 的两个图可知，劳动力扭曲程度大于资本扭曲程度。图 7-2 显示出山东省农业要素的总体扭曲程度逐年增加，与劳动力扭曲程度呈现相似的趋势，2010—2015 年增度最大，均值为 1.099。

山东省各市生产要素扭曲程度变化的原因，一是市场不完善，包括要素市场不完善和产品市场不完善。在要素市场，农村信贷市场的低效率使得农民的贷款成本提高，较高的交易成本限制了信贷市场的发展。山东省各市农村的信贷需要不断增加，但是银行在现行贷款机制下将大部分贷款发放给了资金规模较大的农民，较少考虑小额贷款的申请。由于客户分散、抵押物欠缺等，农村金融机构的产品能适应小额贷款的较少，资本这一资源要素的配置就受到了限制；同时，劳动力市场配置效率低使得劳动力要素流动更加困难，劳动力转移除了基本成本之外，还受到户口制度约束，依附户籍制度的资源分配导致利益分配的差异，城乡差距明显。2012 年，山东省推进实施分类明确的户口迁移政策，降低了落户标准，改革了户口登记制度，2014 年中国放开户籍制度，这有利于劳动力要素的流动。但还要持续推进，加快城乡统筹，促进城乡之间生产要素资源的自由流动和平等交换，构建相互促进型的城乡关系。在农产品流通市场，产品价格受到政府农业补贴的影响，各个城市获得的补贴不同，对于产出的定价也就不同。从 2004 年起，国家先后实行了农作物良种补贴、种粮农民直接补贴和农资综合补贴等三项综合补贴。近些年，山东省政府不断推进改善补贴政策，2017 年，全省农村土地流转面积达到 2546.4 万亩，土地承包经营规模化达四成以上，多种形式的规模经营不断推进。2018 年，山东省财政厅、农业厅合并了农业三项补贴。

二是要素投入农业部门的机会成本的约束。非农业部门相对于农业部门提供了更高的劳动回报，农民更愿意在非农业部门就业，从而减少了在农业部门的资本投入，增加了在非农业部门的资本投入，而在非农业部门的收入促进了其在农业部门的投资，前者为替代效应，后者为收入效应，收入效应与替代效应共同作用的结果就是会影响非农业部门就业对资本要素的配置。2014 年，户籍制度放开后，非农业就业人数不断增加，使得农业部门的发展处于劣势。要实现资本、劳动力要素向农业部门投入，就要实现农业产业化，改善经营模式，使农产品价格、质量的优势体现出来，发展新型农民合作组织，解决农业劳动力转移过程中存在的矛盾。

三是农业技术问题。先进的农业技术必然会使农业部门快速发展，只有打造先进农业，改造传统农业，强农富民，才能实现农业快速发展。对比发达国家和先进省份，山东农业存在供给结构矛盾、小农户和现代农业发展的衔接不充分等短板。因此，山东省要加快发展农业“新六产”，大力发展特色高效农业，促进产业融合，逐步实现农业现代化。

四　山东省农业全要素生产率增长潜力的估计及评价

（一）山东省农业 TFP 增长潜力的估计

由于劳动力、资本要素的价格扭曲，山东省农业实际产出未达到潜在产出，本节通过潜在产出和实际产出的比值来估计农业 TFP 损失 M，农业 TFP 损失也是农业产出损失：

$$M = Y_e / Y = A_e / \mathrm{TFP} \tag{7-11}$$

其中，Y_e 是有效分配下山东省农业总产出，见式（7-12）；A_e 代表农业 TFP，见式（7-13）；式（7-14）代表各个城市农业的异质性：

$$Y_e=\left(A_e s_{i,t}\right)M^{1-\gamma}\left(L^{\alpha}K^{1-\alpha}\right)^{\gamma} \tag{7-12}$$

$$A_e=\left(A_{\alpha}\overline{S}\right)^{1-\gamma} \tag{7-13}$$

$$\overline{S}=\left(\sum_{i=1,t=2000}^{M,T}S_i\right)/M \tag{7-14}$$

实际产出 Y 由中国经济与社会发展统计数据库提供，计算 2000—2016 年山东省农业 TFP 损失变化情况，如图 7-3 所示。2000—2015 年，山东省农业 TFP 损失逐年增加，2016 年略微下降。2000 年，山东省农业 TFP 损失为 1.465，说明山东省农业潜在产出与实际产出之比为 1.465，劳动力和资本的错配使得山东省农业产出比理论上下降 46.5%。如果减少要素资源配置扭曲，可使得山东省的实际产出提高。从 2000 年开始，山东省农业 TFP 损失逐年增加，2015 年达到 1.493，2016 年农业 TFP 损失比 2015 年下降了 0.16%。

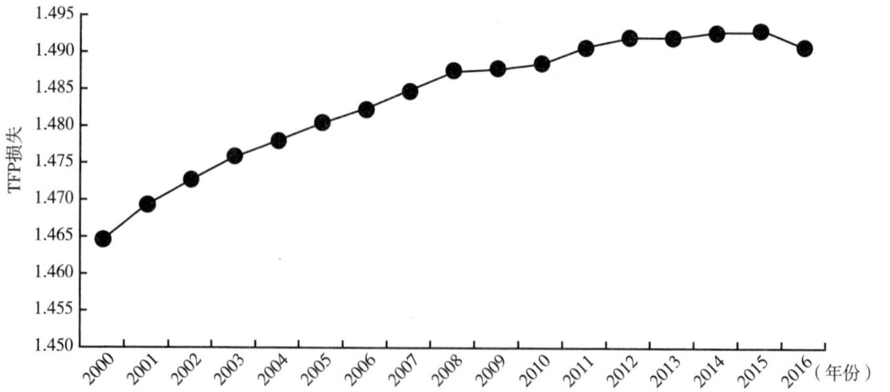

图 7-3　2000—2016 年山东省农业 TFP 损失

（二）山东省农业 TFP 损失及增长潜力的评价

2016 年，山东省农业潜在产出与实际产出的比值为 1.491，这意味着理论上来说，如果减少山东省农业劳动力和资本的资源配置扭曲，可以使山东省农业产出增长 49.1%。阿达莫普洛斯等对中国农业 TFP 损失进行了估计，如果实现农业生产要素的合理配置，减少农业生产要素的配置扭曲，可以使全国（包括农村和城市）的农业产出增长 57%，使中国农村的农业产出增长 27%。① 与本书的结果相比较可以得知，山东省的农业潜在产出相对全国的农业潜在产出低 7.94%。

（三）农产品贸易对山东省农业 TFP 的影响

下面对山东省各市农产品出口对其农业 TFP 的影响进行实证分析，并分析农产品出口对山东省农业 TFP 潜在损失的影响。

2017 年，山东省农产品出口总值超过 1100 亿元，同比增长 7.2%；2018 年农产品出口总值为 1150.3 亿元。山东省农产品出口总值连续 20 年居全国首位，主要出口日本、欧盟、东盟，对日本、欧盟、东盟的出口值超过山东省农产品出口总值的一半。2018 年，山东省农产品出口以一般贸易方式为主，这种方式下的农产品出口值为 878 亿元。2000—2016 年山东省农产品出口情况见图 7-4。

从出口总值来看，2000 年山东省农产品出口总值为 35.3 亿美元，在之后的 16 年里呈现波动增长的趋势，2016 年达到 162.9 亿美元，比 2000 年增长了 3.6 倍。从 2010 年开始，山东省农产品出口总值超过 120 亿美元。从农产

① Adamopoulos T , Brandt L , Leight J , "Misallocation, Selection and Productivity: A Quantitative Analysis with Panel Data from China", *Econometrica*, 2022,90(3):1261-1282.

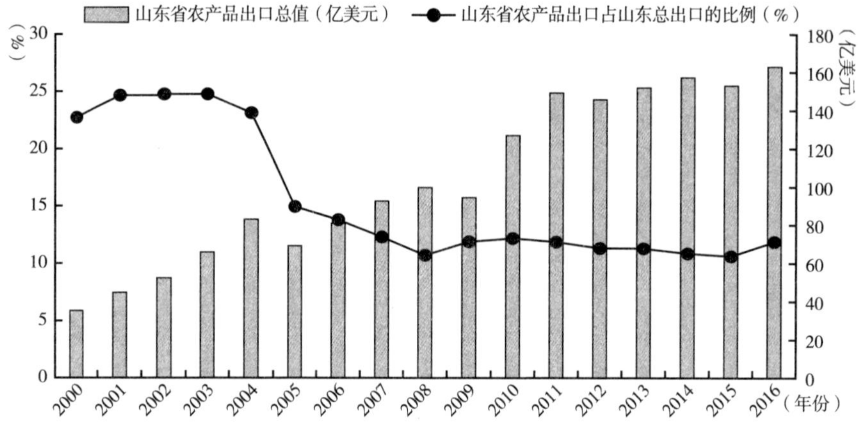

图 7-4　2000—2016 年山东省农产品出口情况

品出口占比来看，2000—2003 年，山东省农产品出口占比逐年增加，2003—2008 年下滑趋势明显，2008 年之后山东省农产品出口占比在 10%—12%。

由于缺少部分城市的农产品出口总值数据，因此山东省各市农产品出口总值的数据由山东省统计局的各市出口总值与山东省每年农产品出口占比相乘得出。部分城市农产品出口值可以查询到，将估计结果与实际结果相比较，发现两者差值非常小，因此可以采用估计值。用人民币兑美元的汇率换算成以万元为单位的山东省各市农产品出口总值数据，再用各市的价格指数进行换算得出山东省各市农业出口总值的实际值。

2000—2016 年山东省农产品出口总值最大的四个城市分别是青岛市、烟台市、威海市、潍坊市（见图 7-5）。近年来，青岛市农产品出口总值稳定在 300 亿元左右，出口总值位居全国前列，占山东省农产品出口总值的 30%。中国加入世界贸易组织之后，对外贸易环境得到优化，农产品对外贸易得到快速发展，从图 7-5 中可以看出，2000—2006 年，青岛市、烟台市的农产品出口总值实现较大幅度增长，如青岛农产品出口总值从 2001 年的 110 亿元增加到 2006 年的 237 亿元。2006—2011 年，青岛市、烟台市的农产品出口总值先下降后上升，2011 年之后，农产品出口总值基本稳定；威海市、潍坊市的农产品出口总值整体呈现小幅增长趋势。

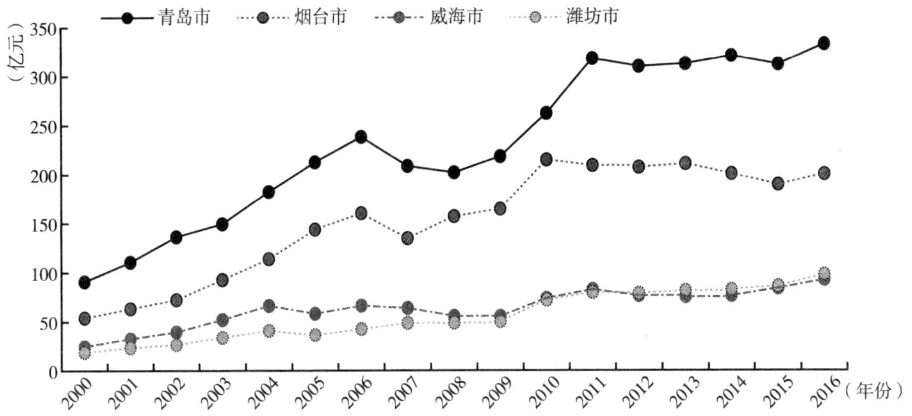

图 7-5　2000—2016 年山东省出口总值排前四名的城市及其农产品出口总值

为了研究山东省各市农产品出口对山东省农业 TFP 的影响，进行 RE 回归和 FE 回归。为实证分析农产品出口对山东省农业 TFP 的影响，建立山东省各市农业 TFP 与农产品出口总值、资本、劳动力、土地、中间投入之间的关系式：

$$TFP_{i,t} = \beta_0 + \beta_1 \ln export_{i,t} + \beta_2 \ln k_{i,t} + \beta_3 \ln l_{i,t} + \beta_4 \ln n_{i,t} + \beta_5 \ln p_{i,t} + \beta_6 \ln f_{i,t} + \eta_{i,t} \quad (7\text{-}15)$$

变量之间的相关性见表 7-3。

表 7-3　变量之间的相关性统计结果

	ln *export*	ln *k*	ln *l*	ln *n*	ln *p*	ln *f*
ln *export*	1					
ln *k*	0.363	1				
ln *l*	0.263	0.825	1			
ln *n*	0.153	0.867	0.825	1		
ln *p*	0.512	0.803	0.709	0.672	1	
ln *f*	0.381	0.892	0.895	0.914	0.799	1

RE 和 FE 回归结果见表 7-4，从表中可知，RE 和 FE 估计的各市农产品出口总值、资本、土地、中间投入的回归结果在 1% 的置信度水平下都是显著的，劳动力在 5% 的置信度水平下是显著的。

表 7-4　RE 和 FE 回归结果

	RE 回归	FE 回归
ln *export*	0.0096*** （0.0027）	0.0071*** （0.0025）
ln *k*	−0.1271*** （0.0109）	−0.0966*** （0.0111）
ln *l*	0.0210** （0.0102）	0.0224** （0.0094）
ln *n*	−0.0318*** （0.0123）	−0.0488*** （0.0116）
ln *p*	−0.0607*** （0.0078）	−0.0682*** （0.0073）
ln *f*	0.1088*** （0.0163）	0.1044*** （0.0152）
常数项	2.1493*** （0.1594）	1.8578*** （0.1543）
N	289	289
年数	17	17
R^2		0.7161

注：***、**、* 分别代表在 1%、5%、10% 的置信度水平上显著。括号中的数字代表估计标准误。

从回归结果来看，FE 的回归结果更好，FE 回归的劳动力的 P 值小于 RE 回归的 P 值。用 Hausman 检验两种回归模型的结果，见表 7-5，由于 P 值小于 0.1，因此选择 FE 回归模型。结果如下：

$$\begin{aligned} TFP_{i,t} = & 1.86 + 0.007\ln export_{i,t} - 0.10\ln k_{i,t} + 0.02\ln l_{i,t} - 0.05\ln n_{i,t} \\ & - 0.07\ln p_{i,t} + 0.10\ln f_{i,t} \end{aligned} \quad (7\text{-}16)$$

表 7-5 FE、RE 回归的 Hausman 检验结果

参数估计				
	(b)	(B)	($b-B$)	sqrt{diag[$V(b)-V(B)$]}
	exp_FE	exp_RE	Difference	S.E.
ln *export*	0.00706	0.00957	−0.00251	—
ln *k*	−0.0966	−0.127	0.0305	0.00206
ln *l*	0.0224	0.0210	0.00138	—
ln *n*	−0.0488	−0.0318	−0.0171	—
ln *p*	−0.0682	−0.0607	−0.00747	—
ln *f*	0.104	0.109	−0.00438	—
Test:Ho:difference in coefficients not systematic				
chi2(6)=$(b-B)'[(V(b)-V(B)]^{-1}(b-B)$ =166.41 Prob>chi2=0.0000				

从上述实证分析结果可以看出，农产品出口对山东省农业 TFP 有正效应，即当山东省各市的农产品出口总值增长 1% 时，农业 TFP 增加 0.007。资本、土地、农药使用量对山东省农业 TFP 有负效应，劳动力和化肥对山东省农业 TFP 有正效应。

（四）农产品出口对山东省农业 TFP 潜在损失的影响的实证分析

山东省农业 TFP 潜在损失可以体现山东省农业的潜在产出，本节实证分析农产品出口对山东省农业 TFP 潜在损失 M 的影响。建立农业 TFP 潜在损失 M 和农产品出口总值的关系式：

$$M_{i,t} = \beta_0 + \beta_1 \ln export_{i,t} + \beta_2 \ln r_{i,t} + \beta_3 \ln q_{i,t} + \eta_{i,t} \tag{7-17}$$

用 OLS 估计得出的结果为

$$M_{i,t}=1.0417-0.0075\ln export_{i,t}+0.0124\ln r_{i,t}+0.0198\ln q_{i,t}+\eta_{i,t} \quad (7\text{-}18)$$

从表 7-6 可知农产品出口对农业 TFP 潜在损失的实证结果在 1% 的置信度水平上是显著的。当农产品出口总值增长 1% 时，农业 TFP 潜在损失减少 0.0075。

表 7-6　农产品出口对农业 TFP 潜在损失的 OLS 实证结果

	OLS
ln *export*	-0.0075^{***} （0.0024）
ln *r*	0.0124^{***} （0.0028）
ln *q*	0.0198^{***} （0.0042）
常数项	1.0417^{***} （0.0599）
年数	17
R^2	0.9821

注：***、**、* 分别代表在 1%、5%、10% 的置信度水平上显著。括号中的数字为估计标准误。

（五）经济分析

从理论上来说，农产品出口可以提高农业 TFP，上述实证分析结果也证明了这一点。山东省农产品出口在 5% 的置信度水平上对农业 TFP 是正效应，当农产品出口总值增长 1% 时，农业 TFP 增加 0.007，农业 TFP 损失减少 0.0075。

山东省农产品出口对农业 TFP 的正效应小于农业资源配置效率较低和劳动力要素流失所导致的负效应，因此，2000—2016 年山东省农业 TFP 呈递减态势。中国加入世界贸易组织之后，山东省农产品出口增速加快，可以通过学习效应、规模经济、技术溢出效应来提高农业 TFP，因此农业 TFP 变化率减小。自 2003 年以来，政府实行了一系列惠农政策，也促进了农业 TFP 的增长，2006—2008 年“中央一号”文件分别以推进社会主义新农村建设、积极发展现代化农业、加强农业基础建设为主题。自 2004 年起，国家在农业方面大力实施“三项补贴”政策，促进了粮食增产、农民增收。2009 年进一步完善农业补贴制度，改善农村金融服务等。2016 年 12 月，国务院颁布《关于深入推进农业供给侧结构性改革　加快培育农业农村发展新动能的若干意见》；2017 年提出要加快构建政策体系，培育新型农业经营主体；2018 年 1 月，国务院颁布《关于实施乡村振兴战略的意见》。这一系列政策推动了农业生产，刺激了山东省农产品贸易量大幅提升。农产品出口有利于农业生产结构调整，使得农业产出更加符合市场的需要，劳动密集型农产品出口发挥比较优势，也促进了山东省与国际市场的农业设备技术交流。

2005 年之前，农产品出口贸易快速增长，促进了农业 TFP 的增长。但 2008 年之后，出口带动经济的作用减弱，对 TFP 能解释的部分减少。山东省农业科技发展水平较低，仍采取粗放型农业经济增长方式，以劳动力为主要生产要素的劳动密集型产品的生产劣势无法与出口对农业 TFP 的正效应抵消，山东省农业 TFP 以较低的幅度不断减小，说明山东省的农业经济存在结构问题，资源配置扭曲使得山东省农业 TFP 缓慢下降。山东省仅靠外向型经济、参与国际市场农产品贸易来实现农业经济增长是不可取的，要实现农业经济长期增长，就要提高农业 TFP，否则就会出现经济增长停滞的情况。因此，提高农业 TFP、优化配置农业生产资源就成了山东省实现现代化农业生产的关键一步。

另外，不能忽视农产品出口对于农业 TFP 的促进作用。出口部门进入国际市场后，购买到新的农业设备，学习到新的农业生产方法，加快了科学技术的交流，生产出符合国际市场需求的产品，也就实现了农业部门的“学习效应”；出口促进了农业部门实现集群产业化，面对更大的市场实现规模经济，促进了农业产业化，实现了农业部门的规模效应；在国际市场上，农业部门面对更多的市场竞争，吸收了新的农业技术、方法，溢出效应使得技术和知识应用于国内的其他农业生产者，促进了国内农业科技水平的发展。重视山东省优势农产品出口，既有利于解决农产品供给关系问题，也有利于加快推进农业现代化发展。

同时，要注意的是，山东省农业经济改革需要长期、稳步、渐进式地进行，农业经济的发展要不断提高资源配置效率，逐步促进农业科研成果向现实农业生产力转化、落实，加快转变粗放型农业经济发展方式，推动农业经济走上内生增长之路。

第八章

山东省农业供给质量评价体系构建

借鉴马斯洛需求层次理论，将农业供给质量分为农业物理供给质量（农产品质量）、农业经济供给质量、农业社会供给质量。农业供给质量层次结构如图 8-1 所示。

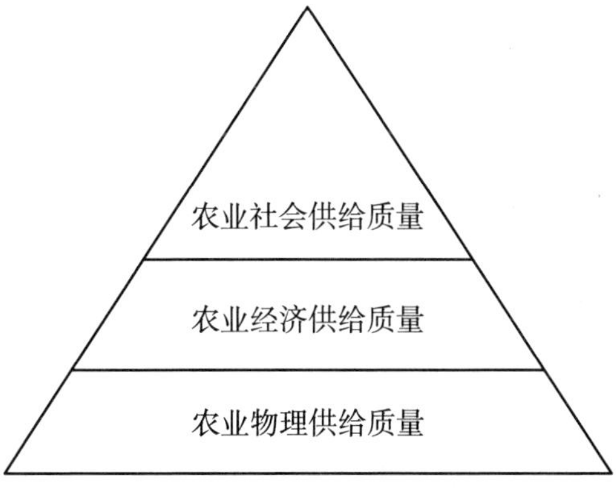

图 8-1　农业供给质量层次结构

一　农业供给质量评价体系构建原则

（一）科学性原则

对选择的每一个指标的内涵阐述、分类必须科学、合理，同时要避免选取的指标之间存在高度的关联性和重复性。

（二）完整性原则

所选择的指标应该层次分明，并且能够从不同的角度反映农业物理供给质量、农业经济供给质量及农业社会供给质量。

（三）可比性原则

指标要保持统一的计算口径和计算方法，以保证其纵向和横向的可比性，这样可以有效避免因指标不可比而增加计算和分析的工作量。

（四）可行性原则

选取的数据来自中国农业信息网、山东省农业农村厅、山东省农产品质量安全监督网等，信息来源较为丰富，但不可避免地有一些指标数据缺失，需要进一步搜集资料或运用科学的方法进行补充。当上述方法都无法操作时，只能选择其他意思相近的指标予以替代。

二 农业供给质量评价指标的选择

（一）农业物理供给质量评价指标的选取

因为构建的农业物理供给质量评价指标属于农业供给质量的一级指标，而农业物理供给质量更强调供给，所以它是相对于消费者而言的，侧重选取与消费者息息相关的指标。

此外，在日常用语中，食品安全等价于农产品安全。《中华人民共和国食品安全法》中对食品安全的定义可用以刻画农业物理供给质量，即食品安全指食品无毒、无害，符合应当有的营养要求，对人体健康不造成任何急性、亚急性或者慢性危害。定义中所说的无毒无害，本书使用“三品一标”农产品数量予以诠释，通过计算人均各类食物产量诠释定义中的“营养要求”。

根据法律定义和相关文献研究及构建原则，农业物理供给质量包含以下两层八个指标。

1. 安全放心

安全放心包含一个指标，即“三品一标”农产品数量。“三品一标”农产品指无公害农产品、有机农产品、绿色食品和农产品地理标志。“三品一标”是政府主导的安全优质农产品公共品牌，是当前和今后时期农产品生产消费的主导产品。一个地区“三品一标”的农产品数量越多，意味着这一地区可供消费者食用的安全放心的农产品越多。

2. 营养丰富

营养丰富包括 7 个指标。

（1）人均粮食产量。粮食除包括稻谷、玉米、小麦、谷子、高粱及其他杂粮外，还包括薯类和豆类。通过计算人均粮食产量来衡量一个地区的人均粮食供应量情况。

（2）人均肉类产量。它是指当年出栏并已被屠宰、除去头蹄下水后带骨肉牛、羊、猪、家禽的重量。通过计算人均肉类产量来衡量一个地区的人均肉类供应量情况。

（3）人均蔬菜及食用菌产量。它是指各类蔬菜及食用菌的总产量，通过计算人均蔬菜及食用菌产量来衡量一个地区的人均蔬菜及食用菌供应量情况。

（4）人均水果产量。水果包括苹果、梨、葡萄、桃、杏、红枣、柿子、山楂、西瓜、甜瓜等，其中西瓜、甜瓜严格意义上属于瓜果类，在这里被并入水果大类进行计算。通过计算人均水果产量来衡量一个地区的人均水果供应量情况。

（5）人均奶类产量。奶类产量主要指牛奶产量，通过计算人均奶类产量来衡量人均奶类供应量情况。

（6）人均禽蛋产量。禽蛋产量主要指鸡蛋产量，通过计算人均禽蛋产量来衡量人均禽蛋供应量情况。

（7）人均水产品产量。水产品产量指人工养殖的水产品及天然生长的水产品的捕捞量，包括海水中的鱼类、虾蟹类、贝类和藻类以及内陆水域的鱼类、贝类和虾蟹类，不包括淡水生植物。通过计算人均水产品产量来衡量一个地区的人均水产品供应量情况。

据此建立农业物理供给质量指标体系，如表 8-1 所示。

表 8-1　农业物理供给质量指标体系

目标层	权重 1	准则层	权重 2	指标层	符号表示	指标属性
农业物理供给质量	h_1	安全放心		“三品一标”农产品数量 / 个	*SPYB*	正向
	h_2	营养丰富	ω_1	人均粮食产量 /（千克 / 人）	*LS*	正向
			ω_2	人均肉类产量 /（千克 / 人）	*RL*	正向
			ω_3	人均蔬菜及食用菌产量 /（千克 / 人）	*SC*	正向
			ω_4	人均水果产量 /（千克 / 人）	*SG*	正向
			ω_5	人均奶类产量 /（千克 / 人）	*NL*	正向
			ω_6	人均禽蛋产量 /（千克 / 人）	*QD*	正向
			ω_7	人均水产品产量 /（千克 / 人）	*SCP*	正向

根据构建的指标体系，农业物理供给质量计算公式为

$$APQ = h_1 SPYB + h_2(\omega_1 LS + \omega_2 RL + \omega_3 SC + \omega_4 SG + \omega_5 NL + \omega_6 QD + \omega_7 SCP) \quad (8\text{-}1)$$

（二）农业经济供给质量评价指标的选取

同农业物理供给质量指标的选取一样，农业经济供给质量在选取指标时也会更强调供给属性，从微观到中观再到宏观的角度，通过借鉴已有研究选取指标如下。其中消费者效用中的“物美”指标使用农业物理供给质量综合指标进行诠释，从而建立各层指标之间的联系。

1. 微观主体

第一，生产者：农民收入效用。

（1）农村居民人均可支配收入：农村居民人均可支配收入包括工资性收入、经营性收入、财产净收入和转移净收入，用此绝对量指标表明农业对生

产者的供给，也是农民收入的绝对效用。

（2）城乡居民收入差异系数：城乡居民收入差异系数是城镇居民可支配收入与农村居民可支配收入之比，系数越大，则农民收入的相对效用越低。该指标为负向指标。

第二，消费者：消费者效用。消费者在购物时，其核心原则是“物美价廉”。

（1）“物美”：用农业物理供给质量来衡量。

（2）“价廉”：用农产品价格上涨幅度来衡量。

2. 中观主体

第一，农业：农业生产效率。

（1）农业土地产出率：农业土地产出率指单位土地上的平均年产值，用农业增加值 / 农用地面积进行计算（这里的农业增加值不包括农林牧渔服务业，下同）。

（2）农业劳动生产率：农业劳动生产率指平均每个农业劳动者在单位时间内生产的产值，用农业增加值 / 农业劳动者数量进行计算。

第二，其他产业：基于农业的第二、第三产业效益。

（1）基于农业的第二产业效益：农产品加工业增加值。这里的农产品加工业主要指农副食品加工业，食品制造业，酒、饮料和精制茶制造业。

（2）基于农业的第三产业效益：农林牧渔服务业增加值。这里的农林牧渔服务业指为农业、林业、牧业、渔业服务的行业，主要指提供农药、化肥、农机、饲料、种子以及技术支持等服务的行业。

3. 宏观主体

（1）国民经济：经济增长贡献率。经济增长贡献率是指地区农业对经济增长的贡献率，用农业增加值除以 GDP 计算得到。

（2）国际贸易：国际市场占有率。国际市场占有率是指地区农产品出口总额占世界出口总额的比重。

构建农业经济供给质量指标体系，如表 8-2 所示。

表 8-2　农业经济供给质量指标体系

目标层	权重 1	准则层		权重 2	指标层	符号表示	指标属性
农业经济供给质量	g_1	微观	农民收入效用	λ_1	农村居民人均可支配收入 / 元	*NC*	正向
				λ_2	城乡居民收入差异系数	*CX*	负向
	g_2		消费者效用	λ_3	农业物理供给质量	*APQ*	正向
				λ_4	农产品价格上涨幅度 /%	*API*	负向
	g_3	中观	农业生产效率	λ_5	农业土地产出率 /（元 /km^2）	*TC*	正向
				λ_6	农业劳动生产率 /（元 / 人）	*LC*	正向
	g_4		基于农业的第二、第三产业效益	λ_7	农产品加工业增加值 / 元	*GY*	正向
				λ_8	农林牧渔服务业增加值 / 元	*FWY*	正向
	g_5	宏观	经济增长贡献率		地区农业对地区经济增长的贡献率 /%	*GX*	正向
	g_6		国际市场占有率		地区农产品出口总额占世界出口总额的比重 /‰	*CK*	正向

根据构建的指标体系，农业经济供给质量计算公式为

$$
\begin{aligned}
AEQ = {} & g_1(\lambda_1 NC + \lambda_2 CX) + g_2(\lambda_3 APQ + \lambda_4 API) + g_3(\lambda_5 TC + \lambda_6 LC) \\
& + g_4(\lambda_7 GY + \lambda_8 FWY) + g_5 GX + g_6 CK
\end{aligned}
\tag{8-2}
$$

（三）农业社会供给质量评价指标的选取

这里的农业社会供给质量评价指标中的“社会”取的是其广义含义，既

包括经济层面，也包括人民生活和资源环境，其内涵与农业可持续发展相近，参考相应文献选取指标如下。

1. 经济供给

经济供给指农业给整个社会带来的经济福利、对其他产业的贡献等，这里使用农业经济供给质量综合指标进行诠释。

2. 人民生活

人民生活指农业发展给人民生活带来的影响，主要包含以下子指标。

（1）寿命：人口自然增长率。人口自然增加数（出生人数减去死亡人数）与同期平均总人口数之比，用千分数表示，为正向指标。

（2）社会公平：农村低保人数。随着乡村振兴的推进，农村低保人数应持续减少，该指标为负向指标，农村低保人数越少，说明农村共同富裕程度越高。

（3）交通：公路通车里程。“要想富，先修路。”要想实现乡村振兴，首先需要增强农村和城市的联系。自乡村振兴战略提出以后，各地的公路通车里程都呈现出快速增长的趋势，这对促进农村发展、方便农村居民的日常出行、推动农村剩余劳动力的转移和减少二元结构矛盾都大有裨益。

（4）精神生活：农村居民教育、文化和娱乐支出。消费支出不仅包括物质生活支出，还包括精神生活支出，农村居民教育、文化和娱乐支出越高，说明农村居民的精神生活越丰富，其为正向指标。

3. 资源环境

资源环境指农业发展给资源及环境带来的影响，主要包含以下子指标：

（1）农作物秸秆综合利用率。农作物秸秆是农业生态系统中一种十分宝贵的生物质能资源，提高农作物秸秆资源的综合利用率对于促进农民增收、环境保护、资源节约以及农业经济可持续发展意义重大。① 农作物秸秆综合利用率越高，农业对环境的影响越小，因而该指标为正向指标。

（2）有效灌溉面积。有效灌溉面积是地块比较平整，有一定的水源、灌溉配套设施，在一般年景下，当年能够进行正常灌溉的农田面积。随着田间工程的增多和节水技术的发展，有效灌溉面积在增加。有效灌溉面积越大，说明水资源的利用率越高，该指标为正向指标。

（3）绿地面积。绿地面积指能够用于绿化的土地面积，它不仅是反映一个地区的绿化数量和质量、一定时期内城市经济发展、居民生活福利保健水平的指标，也是评价环境质量的标准之一。城市绿化用到的种子、工具、技术也都属于农业对社会的输出，是农业对社会的供给，因而也被纳入综合指标中进行计算。

构建农业社会供给质量指标体系，如表 8-3 所示。

表 8-3　农业社会供给质量指标体系

目标层	权重 1	准则层	权重 2	指标层	符号表示	指标属性
农业社会供给质量	l_1	经济供给		农业经济供给质量	*AEQ*	正向
	l_2	人民生活	η_1	人口自然增长率 /‰	*RK*	正向
			η_2	农村低保人数 / 人	*DB*	负向
			η_3	公路通车里程 /km	*LC*	正向
			η_4	农村居民教育、文化和娱乐支出 /（元 / 人）	*JWY*	正向
	l_3	资源环境	η_5	农作物秸秆综合利用率 /%	*NZW*	正向
			η_6	有效灌溉面积 /km^2	*GG*	正向
			η_7	绿地面积 /km^2	*LD*	正向

① 参见杨蔓、李闯、陈广大:《农作物秸秆焚烧污染与防治》,《黑龙江环境通报》2018 年第 2 期。

根据构建的指标体系，农业社会供给质量计算公式为

$$\begin{aligned} ASQ = l_1 AEQ + l_2\left(\eta_1 RK + \eta_2 DB + \eta_3 LC + \eta_4 JWY\right) \\ + l_3\left(\eta_5 NZW + \eta_6 GG + \eta_7 LD\right) \end{aligned} \tag{8-3}$$

本章通过借鉴文献、研读名词定义及相关理论，分层构建出农业物理供给质量、农业经济供给质量及农业社会供给质量指标体系，并通过文字含义及数理公式将三个指标体系连接在一起，为进行山东省各市之间农业供给质量水平的比较分析奠定了基础。

第九章
山东省农业供给质量水平测度

本章依据第八章构建的评价体系进行实际的指标测度。综合指标测度的重中之重是确定各指标的权重，本章将介绍经典文献所使用的主流赋权方法，分析各方法的优劣，以说明本章所选方法的合理性。在确定权重时，进行了详细的方法介绍和模型推演，便于读者深入理解。最后按照既定的方法计算权重，确定农业供给质量水平综合得分，并从时间差异和空间差异两个方面进行结果分析。

一 综合指标赋权方法选取

在多属性指标问题中，关于权重的研究占有重要的地位，因为权重会直接影响多属性指标综合结果的准确性。目前主要运用的是主观赋权法、客观赋权法和组合赋权法。

（一）主观赋权法

主观赋权法是指根据决策者的主观经验和判断，用某种特定法则确定权重的方法，主要有专家咨询法、连环比率法、层次分析法等。①

（二）客观赋权法

客观赋权法是指根据决策矩阵提供的客观信息，用某种特定法则确定权重的方法，主要有改进的理想解法、主成分分析法、离差最大化法、熵值法、基于方案贴近度法等。②

（三）组合赋权法

无论是主观赋权法还是客观赋权法，都具有一定的片面性。客观赋权法过于强调数据反映的信息，忽略了主观偏好；主观赋权法虽然能够很好地体现主观偏好，但同时带有主观随意性，不够合理、客观。使用组合赋权法能够很好地兼顾主观对指标的偏好，也能减少主观随意性，因而相较于只选择主观赋权法或客观赋权法，使用主观赋权法加客观赋权法的组合赋权法是更为合理、有效的。本书分别采用主观赋权法中的层次分析法和客观赋权法中的熵值法，这两种方法都是综合指标研究中经常采用的。

二　数据来源与处理

（一）数据来源

数据主要来源于2016—2021年《山东统计年鉴》、山东省各市统计年鉴、

① 参见王中兴、牟琼、李桥兴:《多属性决策的组合赋权法》,《应用数学与计算数学学报》2003年第2期。

② 参见王中兴、牟琼、李桥兴:《多属性决策的组合赋权法》,《应用数学与计算数学学报》2003年第2期。

各市农业农村局政府公开数据和各市民政局政府公开数据。由于 2019 年 1 月 9 日莱芜被划入济南，因此将 2015—2018 年莱芜的数据并入济南进行计算和处理。

（二）数据预处理

首先，根据指标从各统计年鉴及政府相关网站上收集数据，并按照城市和时间进行初步整理。其次，根据指标体系中的量纲对数据进行单位换算，针对一些地区完全缺失相应指标的数据，通过估算进行了填充（比如农业经济供给质量中，有 4 个市缺失第一产业从业人数，通过当年农村居民调查中第一产业从业人员的比例进行了估算；有 3 个市缺失农产品出口总额数据，使用山东省对外出口中农产品的比例进行了估算）。再次，使用 SPSS 22.0 对含有缺失值的数据集进行合理填充，根据数据特征酌情考虑使用邻近点的时间趋势或序列平均值进行填充。最后，将数据结果按照农业物理供给质量、农业经济供给质量和农业社会供给质量分类放置，便于数据的读取和后续权重的计算。

三　指标权重确定

（一）权重计算方法

1. 主观赋权法——层次分析法

本书主要使用主观赋权法中的层次分析法计算准则层指标权重。层次分析法（Analytic Hierarchy Process，AHP）是对一些较为模糊、复杂的问题作出决策的简易方法，它特别适用于难以完全定量分析的问题。它是美国运筹学家萨蒂（T. L. Saaty）于 20 世纪 70 年代初提出的一种简便、灵活而又实用的多准则决策方法。

层次结构反映了因素之间的关系，而准则层中的各准则在目标衡量过程中所占的比重不一定相同。因为农业物理供给质量和农业社会供给质量中准则层指标的重要性一致，所以此方法主要用于农业经济供给质量中各准则层指标权重的计算。计算步骤如下。

第一步：构造判断矩阵。

引用数字 1—9 及其倒数作为标度来定义判断矩阵 $\boldsymbol{A}=(a_{ij})_{n\times n}$，见表 9-1。

表 9-1　判断矩阵标度及其含义

标度	含义
1	表示两个因素相比，具有相同的重要性
3	表示两个因素相比，前者比后者稍重要
5	表示两个因素相比，前者比后者明显重要
7	表示两个因素相比，前者比后者强烈重要
9	表示两个因素相比，前者比后者极端重要
2、4、6、8	表示上述相邻判断的中间值
倒数	若因素 i 与因素 j 的重要性之比为 a_{ij}，那么因素 j 与因素 i 的重要性之比为 $a_{ji}=1/a_{ij}$

第二步：一致性检验。

①计算一致性指标（Consistency Index，CI）。

$$CI=\frac{\lambda_{\max}-n}{n-1} \tag{9-1}$$

其中，$\lambda_{\max}$ 为判断矩阵的最大特征值，n 为因素的数量。

②计算随机一致性指标（Random Consistency Index，RI）。

RI 的值是通过随机方法构造 500 个样本矩阵，接着随机地从 1—9 及其倒数中抽取数字构造正互反矩阵，求得最大特征值的平均值 $\lambda'_{\max}$，然后通过如下公式计算得到的：

$$RI = \frac{\lambda'_{\max} - n}{n - 1} \tag{9-2}$$

计算结果见表 9-2。

表 9-2　平均随机一致性指标

n	1	2	3	4	5	6	7	8	9
RI	0	0	0.52	0.89	1.12	1.24	1.36	1.41	1.46

③计算一致性比例（Consistency Ratio，CR）。

计算公式为

$$CR = \frac{CI}{RI} \tag{9-3}$$

当 $CR<0.10$ 时，判断矩阵的一致性是可以接受的，否则应对判断矩阵进行适当修正。

第三步：计算权重向量。

权重向量的计算方法包括几何平均法、算术平均法、特征向量法和最小二乘法四种，本章采用算术平均法进行计算，计算公式为

$$W_i = \frac{1}{n}\sum_{j=1}^{n}\frac{a_{ij}}{\sum_{k=1}^{n}a_{kj}} \quad i = 1,2,\cdots,n \tag{9-4}$$

首先将 $\boldsymbol{A}$ 的元素按列归一化，其次将归一化后的各列相加，最后将相加后的向量除以 n 即得权重向量。

2. 客观赋权法——熵权法

本章使用熵权法计算各指标层权重。熵权法是一种数学方法，用来判断某个指标的离散程度，离散程度越大，对综合指标评价得分的影响越大，即指标数据间的差异性越大，说明其包含的信息越多，因而应赋予其较高的权重。具体的计算步骤如下：

第一步：对原始指标进行归一化处理。用极差法对各指标进行无量纲和同向化处理，使得数值大小为［0，1］。采用线性无量纲方法，正向指标和负向指标的处理方法如下：

$$\text{正向指标：} x_{ij}=\frac{a_{ij}-\min a_{ij}}{\max a_{ij}-\min a_{ij}} \quad (9\text{-}5)$$

$$\text{负向指标：} x_{ij}=\frac{\max a_{ij}-a_{ij}}{\max a_{ij}-\min a_{ij}} \quad (9\text{-}6)$$

第二步：计算熵值及权重 p_{ij}。计算指标 x_j 的熵值 e_j 和差异系数 d_j：

$$\begin{aligned} p_{ij} &= x_{ij} / \sum_{i=1}^{m} y_{ij} \\ e_j &= -\frac{1}{\ln m}\sum_{i=1}^{m} p_{ij}\ln p_{ij} \\ d_j &= 1-e_j \end{aligned} \quad (9\text{-}7)$$

可以看出，熵值 e_j 越小，指标间的差异系数 d_j 就越大，指标就越重要。进一步可求得指标 x_j 的权重 w_j：

$$w_j = d_{ij} / \sum_{j=1}^{n} d_{ij} \quad (9\text{-}8)$$

（二）农业物理供给质量指标权重确定

因为安全放心和营养丰富两个准则同样重要，因此在主观上认为这两个准则各分配 0.5 的权重。营养丰富这一准则层下又分为七个指标，使用熵权法进行计算，这一指标体系下未包含负向指标，使用 MATLAB R2019b 进行计算得到结果（见表 9-3）。

表 9-3　农业物理供给质量各指标权重

目标层	主观权重	准则层	客观权重	指标层	指标属性
农业物理供给质量	0.5	安全放心		“三品一标”农产品数量 / 个	正向
	0.5	营养丰富	0.1415	人均粮食产量 /（千克 / 人）	正向
			0.1238	人均肉类产量 /（千克 / 人）	正向
			0.1338	人均蔬菜及食用菌产量 /（千克 / 人）	正向
			0.1577	人均水果产量 /（千克 / 人）	正向
			0.1570	人均奶类产量 /（千克 / 人）	正向
			0.1252	人均禽蛋产量 /（千克 / 人）	正向
			0.1610	人均水产品产量 /（千克 / 人）	正向

（三）农业经济供给质量指标权重确定

农业经济供给质量更关注人民生活和农业本身对经济的贡献，因而对准则层重要程度的排序如下，并使用 I 表示其重要性。

I（农民收入效用）$=I$（消费者效用）$>I$（农业生产效率）$=I$（基于农业的第二、第三产业效益）$>I$（经济增长贡献率）$>I$（国际市场占有率）

根据重要程度排序得到农业经济供给质量各指标的标度，如表 9-4 所示。

表 9-4　农业经济供给质量各指标的标度

	农民收入效用	消费者效用	农业生产效率	基于农业的第二、第三产业效益	经济增长贡献率	国际市场占有率
农民收入效用	1	1	3	5	3	7
消费者效用	1	1	3	5	3	7
农业生产效率	1/3	1/3	1	3	1	5
基于农业的第二、第三产业效益	1/5	1/5	1/3	1	1/3	3
经济增长贡献率	1/3	1/3	1	3	1	5
国际市场占有率	1/7	1/7	1/5	1/3	1/5	1

因为我国人口众多，为粮食进口大国，出口额虽然较高，但在国际市场上仅占一小部分，大多数粮食用于国内供给，所以该指标的重要性不是很高，将其排在最后。通过计算得出权重，如表 9-5 所示。

表 9-5　农业经济供给质量各指标权重

目标层	主观权重	准则层		客观权重	指标层	指标属性
农业经济供给质量	0.3323	微观	农民收入效用	0.5452	农村居民人均可支配收入 / 元	正向
				0.4548	城乡居民收入差异系数	负向
	0.3323		消费者效用	0.5784	农业物理供给质量	正向
				0.4216	农产品价格上涨幅度 /%	负向
	0.1107	中观	农业生产效率	0.3332	农业土地产出率 / （元 /km^2）	正向
				0.6668	农业劳动生产率 / （元 / 人）	正向
	0.0665		基于农业的第二、第三产业效益	0.5297	农产品加工业增加值 / 元	正向
				0.4703	农林牧渔服务业增加值 / 元	正向
	0.1107	宏观	经济增长贡献率		地区农业对地区经济增长的贡献率 /%	正向
	0.0475		国际市场占有率		地区农产品出口总额占世界出口总额的比重 /‰	正向

（四）农业社会供给质量指标权重确定

因为经济供给、人民生活、资源环境对于社会发展同等重要，所以对三个准则层指标赋予同等的主观权重，指标层使用熵权法计算其客观权重，表9-6展示了各指标的权重。

表 9-6　农业社会供给质量各指标权重

<table>
<tr><th>目标层</th><th>主观权重</th><th>准则层</th><th>客观权重</th><th>指标层</th><th>指标属性</th></tr>
<tr><td rowspan="9">农业社会供给质量</td><td>0.33</td><td>经济供给</td><td></td><td>农业经济供给质量</td><td>正向</td></tr>
<tr><td rowspan="4">0.33</td><td rowspan="4">人民生活</td><td>0.2058</td><td>人口自然增长率 /‰</td><td>正向</td></tr>
<tr><td>0.0716</td><td>农村低保人数 / 人</td><td>负向</td></tr>
<tr><td>0.4911</td><td>公路通车里程 /km</td><td>正向</td></tr>
<tr><td>0.2315</td><td>农村居民教育、文化和娱乐支出 /（元 / 人）</td><td>正向</td></tr>
<tr><td rowspan="3">0.33</td><td rowspan="3">资源环境</td><td>0.1003</td><td>农作物秸秆综合利用率 /%</td><td>正向</td></tr>
<tr><td>0.3396</td><td>有效灌溉面积 /km^2</td><td>正向</td></tr>
<tr><td>0.5601</td><td>绿地面积 /km^2</td><td>正向</td></tr>
</table>

四　农业供给质量水平得分计算

通过组合赋权法确定各指标的权重，然后根据计算权重计算各综合指标得分，为便于观察数据，将总分扩大100倍，所得结果如表9-7所示。

表 9-7　2015—2020 年山东省各市农业供给质量综合得分

<table>
<tr><th></th><th>综合指标</th><th>2015 年</th><th>2016 年</th><th>2017 年</th><th>2018 年</th><th>2019 年</th><th>2020 年</th><th>平均值</th><th>排序</th></tr>
<tr><td rowspan="3">济南</td><td>农业物理供给质量</td><td>28.38</td><td>36.99</td><td>41.88</td><td>42.01</td><td>57.53</td><td>57.34</td><td>44.02</td><td>3</td></tr>
<tr><td>农业经济供给质量</td><td>30.23</td><td>32.21</td><td>38.25</td><td>36.64</td><td>38.66</td><td>46.79</td><td>37.13</td><td>12</td></tr>
<tr><td>农业社会供给质量</td><td>33.46</td><td>37.19</td><td>42.76</td><td>43.46</td><td>46.12</td><td>54.27</td><td>42.88</td><td>8</td></tr>
</table>

续表

	综合指标	2015 年	2016 年	2017 年	2018 年	2019 年	2020 年	平均值	排序
青岛	农业物理供给质量	29.04	31.85	33.01	37.95	37.29	28.02	32.86	5
	农业经济供给质量	43.00	42.52	48.65	49.51	45.41	50.09	46.53	6
	农业社会供给质量	46.34	49.87	56.13	59.32	57.37	64.26	55.55	2
淄博	农业物理供给质量	4.34	5.23	5.31	6.75	9.43	9.33	6.73	16
	农业经济供给质量	26.89	24.51	31.57	31.25	30.92	36.30	30.24	15
	农业社会供给质量	23.79	22.40	28.92	29.83	29.55	34.49	28.16	13
枣庄	农业物理供给质量	11.90	12.25	14.02	13.90	14.02	14.71	13.47	14
	农业经济供给质量	30.76	33.91	37.59	37.10	36.41	41.70	36.25	13
	农业社会供给质量	18.25	21.92	27.13	28.27	25.75	32.45	25.63	15
东营	农业物理供给质量	27.34	28.31	27.12	32.57	32.29	33.79	30.24	6
	农业经济供给质量	25.94	25.63	33.06	34.44	31.06	39.49	31.60	14
	农业社会供给质量	18.20	19.00	28.43	29.41	25.62	34.69	25.89	14
烟台	农业物理供给质量	16.74	18.10	19.72	25.16	31.39	36.67	24.63	8
	农业经济供给质量	40.52	40.60	46.59	49.20	48.48	57.35	47.12	5
	农业社会供给质量	35.82	37.73	42.10	45.32	45.71	53.36	43.34	7

续表

	综合指标	2015 年	2016 年	2017 年	2018 年	2019 年	2020 年	平均值	排序
潍坊	农业物理供给质量	59.16	47.89	49.19	50.54	52.52	54.01	52.22	1
	农业经济供给质量	56.94	53.54	59.28	59.32	58.86	65.32	58.88	1
	农业社会供给质量	61.32	59.90	66.49	68.59	68.38	75.66	66.72	1
济宁	农业物理供给质量	19.35	19.53	21.07	23.37	25.81	26.10	22.54	11
	农业经济供给质量	40.11	40.68	47.99	46.88	46.11	53.85	45.94	7
	农业社会供给质量	40.43	42.51	50.16	50.74	50.69	58.17	48.78	5
泰安	农业物理供给质量	26.77	25.40	22.96	24.25	23.66	22.58	24.27	9
	农业经济供给质量	40.47	39.35	43.42	43.20	47.11	48.75	43.72	8
	农业社会供给质量	30.62	30.60	35.64	36.84	41.35	44.19	36.54	11
威海	农业物理供给质量	21.71	22.97	22.69	23.02	21.65	20.54	22.10	12
	农业经济供给质量	45.30	45.98	55.17	54.02	54.56	60.25	52.55	2
	农业社会供给质量	28.20	29.61	37.08	37.98	38.96	43.60	35.91	12
日照	农业物理供给质量	11.51	14.40	17.41	19.14	24.66	26.73	18.98	13
	农业经济供给质量	35.44	32.37	35.62	45.21	44.12	47.70	40.08	11
	农业社会供给质量	17.00	16.28	20.85	29.46	28.18	32.61	24.06	16

续表

	综合指标	2015 年	2016 年	2017 年	2018 年	2019 年	2020 年	平均值	排序
临沂	农业物理供给质量	9.77	11.98	12.22	13.62	15.24	17.39	13.37	15
	农业经济供给质量	25.67	24.06	30.52	29.30	30.30	34.11	28.99	16
	农业社会供给质量	31.21	32.02	39.87	40.44	43.71	48.91	39.36	9
德州	农业物理供给质量	21.18	22.28	26.41	29.89	35.25	43.56	29.76	7
	农业经济供给质量	42.16	42.59	52.26	46.99	47.39	57.93	48.22	4
	农业社会供给质量	41.74	42.42	51.05	47.55	48.37	57.54	48.11	6
聊城	农业物理供给质量	38.99	42.38	52.01	49.53	54.35	61.60	49.81	2
	农业经济供给质量	44.48	45.04	53.39	49.84	53.33	58.93	50.84	3
	农业社会供给质量	42.87	44.23	51.95	49.87	53.79	59.25	50.33	3
滨州	农业物理供给质量	19.65	20.92	25.40	24.54	25.50	27.99	24.00	10
	农业经济供给质量	36.94	36.61	45.23	41.33	38.90	47.76	41.13	10
	农业社会供给质量	32.49	32.74	41.43	39.57	38.55	46.85	38.61	10
菏泽	农业物理供给质量	19.67	26.46	35.53	39.95	43.62	47.89	35.52	4
	农业经济供给质量	35.08	37.58	45.30	43.35	41.90	51.02	42.37	9
	农业社会供给质量	40.63	44.50	50.23	53.40	51.95	60.32	50.17	4

五　测度结果分析

（一）山东省农业供给质量水平时间差异分析

将上述数据绘制成时间序列图（见图 9-1、图 9-2、图 9-3）。从图中可以看出，整体来说，山东省各市的农业物理供给质量是随着时间提升的。青岛市 2019—2020 年出现了陡然下降的情况，由于 2020 年的数据是使用 ARMA 模型进行预测得到的，因此与实际相比会有一些出入，但总体上是呈提升趋势的。潍坊市 2015—2016 年有所下降，观察数据发现，这是由“三品一标”数量下降导致的，其“三品一标”数量下降与已过有效期和审核程序变严有一定的关系，2020 年又恢复到了之前的水平。纵向比较来看，潍坊、聊城和济南位列前三，其“三品一标”农产品数量和人均各类食物数量也都位居前列，给当地居民提供了安全放心、营养丰富的膳食。淄博、枣庄、东营虽然排名较为靠后，但其与农业物理供给质量水平高的市临近，通过市与市之间的贸易也可以保证当地居民拥有安全放心、营养丰富的食物。

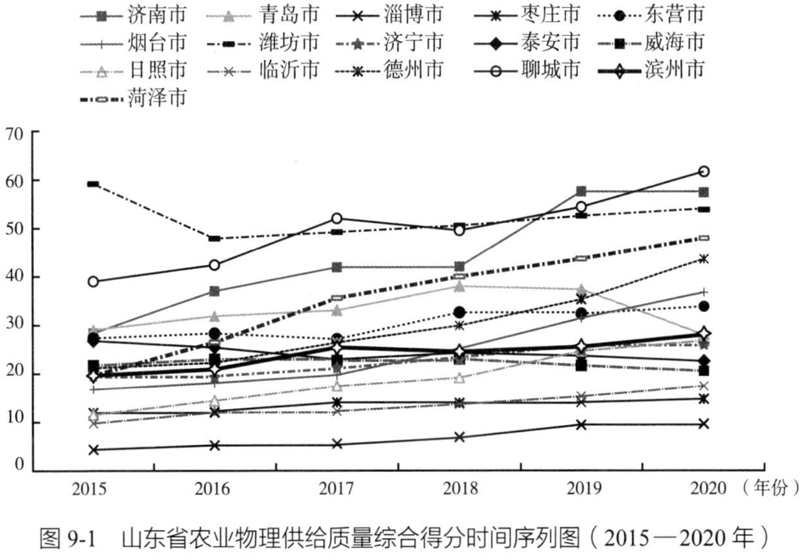

图 9-1　山东省农业物理供给质量综合得分时间序列图（2015—2020 年）

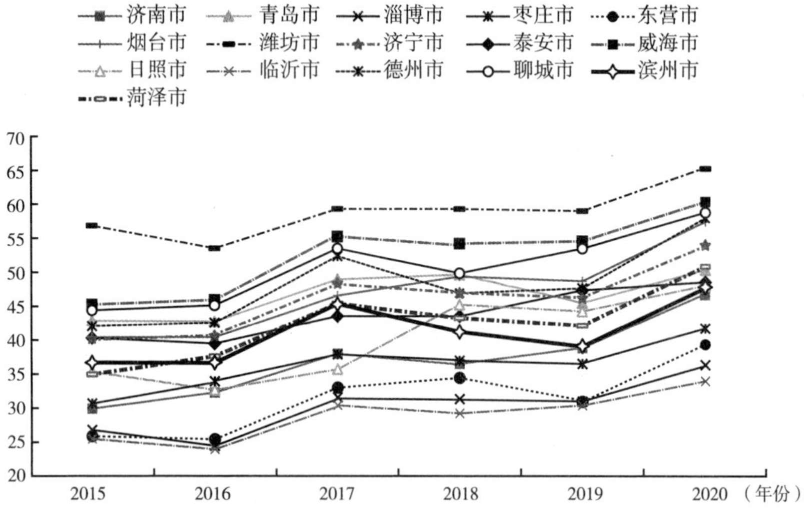

图 9-2　山东省农业经济供给质量综合得分时间序列图（2015—2020 年）

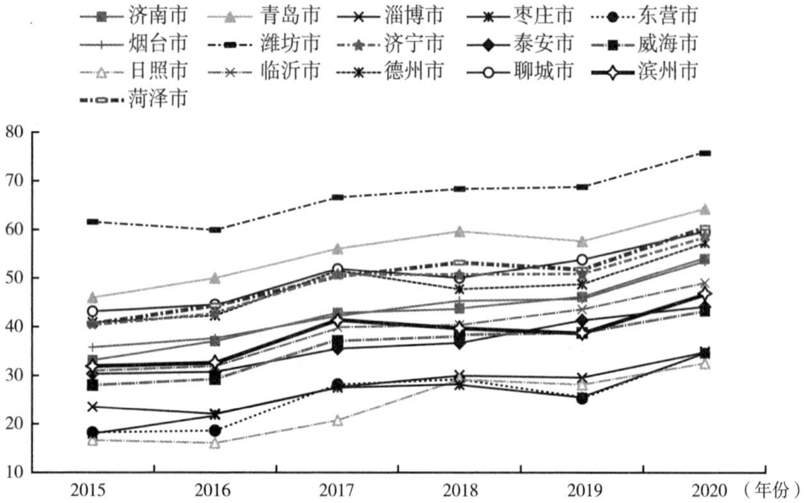

图 9-3　山东省农业社会供给质量综合得分时间序列图（2015—2020 年）

从图 9-2 可以看出，虽然 2015—2016 年潍坊、日照、临沂、东营、淄博农业经济供给质量有所下降，2018—2019 年滨州、东营农业经济供给质量略微下降，但总体上各市的农业经济供给质量呈上升趋势。潍坊、威海、聊城的农业经济供给质量位居前列，淄博、临沂、东营排名较为靠后。

从图 9-3 可以看出，2017—2018 年，德州农业社会供给质量略有下降，东营、菏泽、滨州、青岛在 2018—2019 年略有下降，但总体上各市农业社会供给质量随时间上升的趋势十分明显。潍坊、青岛、聊城的农业社会供给质量位居前列，日照、枣庄、东营排名较为靠后。

（二）山东省农业供给质量水平空间差异分析

使用 ArcMap 10.5，运用自然间断点分级法（Jenks）分五级绘制山东省各市农业供给质量得分情况。其处理过程如下。

（1）下载省界线和各市分界线地理数据导入 ArcMap 中，将山东省各市地理数据单独保存并新建新图层。

（2）将各市农业物理供给、经济供给、社会供给质量平均得分与地理信息数据表相连接，之后打开图层属性框修改其符号系统，为各市按照得分填充颜色，然后在图层属性框中选择“标注”，在相应图层上标注地级市名称，得到初步填充好的地图。

（3）插入图例、标题、指北针、比例尺等，最终得到绘制的地图。从农业物理供给质量看，整体呈现出北部高、中南部低的态势。中南部地区农业物理供给质量得分偏低，接下来进行障碍因子分析，寻找各市存在差异的原因。另外，虽然临沂和淄博农业物理供给质量得分偏低，但因为其靠近潍坊、济南等农业物理供给质量得分高的地区，通过地区间的贸易往来可以保证地区居民拥有安全放心、营养丰富的食物，相比之下，枣庄周边农业物理供给质量得分都偏低，可能需要与较远的菏泽、聊城、济南等进行贸易来填补这一空缺。

在农业经济供给质量得分上，总体呈现出两边高、中间低，东部和北部高、西南部低的态势。潍坊市在农业经济供给质量得分上依然遥遥领先，这与其拥有较多的耕地和较高的农业物理供给质量有一定关系；中部地区得分偏低，之后会进行障碍因子分析找寻得分偏低的原因所在。在农业社会供给质量得分上，总体上呈现出两边高、中间低的态势。潍坊市在农业社会供给质量得分上也排第一，淄博、东营、枣庄、日照得分较低。下面通过障碍因子分析找寻原因所在。

在进行障碍因子分析之前，需要计算出各指标的障碍度。障碍度是指单项指标对综合指数的障碍程度，障碍度越高，越能阐释该地区相应综合指标得分较低的原因。

计算障碍度主要需要以下三个步骤：第一，对因子进行归一化处理，得到指标标准化值，这里使用的归一化处理方法与之前相同，包括负向指标的计算，因此可以调出之前计算的归一化处理结果，直接进行下一步计算。主要是进行空间分析，因而使用时间序列均值进行处理。第二，确定指标偏离度，进行归一化处理后，计算单项指标值与最优目标值之差，即单项指标归一值与该指标归一化后最大值之间的差值，记为 I_i。第三，计算障碍度，用上一步所得差值乘以相对应的权重，然后对所有差值乘以权重值进行加总，最后用单项指标对应的差值乘以权重值除以总的差值乘以权重值，得到障碍度 O_i：

$$O_i = \frac{I_i \omega_i}{\sum_{i=1}^{n} I_i \omega_i} \tag{9-9}$$

经过上述三个步骤，得到了各市各指标障碍度数值。这里列出各市各综合指标障碍度排名前三的因子，从模型内部阐述各市之间差异的原因所在，也为各市提升相应的供给质量列出了首先需要提高的因子。

农业物理供给质量方面，山东省各市障碍度排名前三的障碍因子主要包括“三品一标”农产品数量、人均水产品产量、人均水果产量和人均奶类产量（见表 9-8）。农业物理供给质量得分较低的地区，也主要是在这几个方面急需提升，淄博、临沂、枣庄等农业物理供给质量得分较低的地市需要增加“三品一标”农产品数量的认证，同时推进农业机械化，合理施用化肥，以增加农产品的产量。

表 9-8　农业物理供给质量各市障碍因子及障碍度　　单位：%

	第一障碍因子	障碍度	第二障碍因子	障碍度	第三障碍因子	障碍度
济南	“三品一标”农产品数量	25.01	人均水产品产量	17.06	人均水果产量	15.06
青岛	“三品一标”农产品数量	70.46	人均水产品产量	5.86	人均水果产量	5.86
淄博	“三品一标”农产品数量	85.81	人均水产品产量	2.93	人均水果产量	2.20
枣庄	“三品一标”农产品数量	87.63	人均水产品产量	2.95	人均奶类产量	2.71
东营	“三品一标”农产品数量	86.51	人均水果产量	3.85	人均水产品产量	3.16
烟台	“三品一标”农产品数量	88.06	人均奶类产量	2.95	人均水产品产量	2.60
潍坊	人均水果产量	23.28	人均水产品产量	25.62	人均奶类产量	22.78
济宁	“三品一标”农产品数量	83.56	人均水产品产量	3.79	人均水果产量	3.61
泰安	“三品一标”农产品数量	85.11	人均水产品产量	3.83	人均水果产量	3.33
威海	“三品一标”农产品数量	90.32	人均奶类产量	2.38	人均粮食产量	2.29
日照	“三品一标”农产品数量	84.63	人均水产品产量	3.21	人均水果产量	3.06
临沂	“三品一标”农产品数量	87.21	人均水产品产量	3.02	人均奶类产量	2.74
德州	“三品一标”农产品数量	89.67	人均水产品产量	3.57	人均水果产量	3.23
聊城	“三品一标”农产品数量	60.52	人均水产品产量	11.88	人均水果产量	10.38
滨州	“三品一标”农产品数量	88.00	人均奶类产量	3.05	人均水产品产量	3.05
菏泽	“三品一标”农产品数量	79.70	人均水产品产量	5.50	人均奶类产量	4.94

农业经济供给质量方面，山东省各市障碍度排名前三的障碍因子主要包括农业物理供给质量、农业劳动生产率、农村居民人均可支配收入、城乡居民收入差异系数、地区农业对地区经济增长的贡献率、地区农产品出口总额占世界出口总额的比重（见表 9-9）。得分较低的东营、淄博、临沂需要从提高农产品质量和产量、提高农村居民收入入手。济南、青岛等地因为第二、第三产业更为发达，其经济总量较大，所以农业对经济增长的贡献率较低是比较正常的；潍坊、聊城、济宁因为农业对经济增长的贡献率较高，所以其

农业经济供给质量得分也较高，这是本书所得结论与其他现有研究结论不同的原因。

表 9-9 农业经济供给质量各市障碍因子及障碍度 单位：%

	第一障碍因子	障碍度	第二障碍因子	障碍度	第三障碍因子	障碍度
济南	城乡居民收入差异系数	32.43	地区农业对地区经济增长的贡献率	17.08	地区农产品出口总额占世界出口总额的比重	9.95
青岛	城乡居民收入差异系数	26.67	地区农业对地区经济增长的贡献率	23.87	农业物理供给质量	19.66
淄博	农业物理供给质量	30.94	地区农业对地区经济增长的贡献率	16.32	城乡居民收入差异系数	14.31
枣庄	农业物理供给质量	30.02	农村居民人均可支配收入	15.97	农业劳动生产率	11.03
东营	城乡居民收入差异系数	27.92	地区农业对地区经济增长的贡献率	15.89	农业物理供给质量	15.38
烟台	农业物理供给质量	28.53	城乡居民收入差异系数	21.38	地区农业对地区经济增长的贡献率	14.44
潍坊	农业劳动生产率	20.76	城乡居民收入差异系数	17.59	地区农产品出口总额占世界出口总额的比重	15.32
济宁	农业物理供给质量	29.61	农村居民人均可支配收入	17.79	农业劳动生产率	11.98
泰安	农业物理供给质量	26.16	农村居民人均可支配收入	13.52	农业劳动生产率	13.10
威海	农业物理供给质量	37.40	城乡居民收入差异系数	22.20	地区农业对地区经济增长的贡献率	13.26
日照	农业物理供给质量	28.25	农村居民人均可支配收入	16.10	农业劳动生产率	12.34
临沂	农业物理供给质量	25.78	城乡居民收入差异系数	22.59	农村居民人均可支配收入	17.75
德州	农村居民人均可支配收入	25.19	农业物理供给质量	24.04	农业劳动生产率	15.77
聊城	农村居民人均可支配收入	32.10	农业劳动生产率	19.26	地区农产品出口总额占世界出口总额的比重	14.46

续表

	第一障碍因子	障碍度	第二障碍因子	障碍度	第三障碍因子	障碍度
滨州	农业物理供给质量	24.63	农村居民人均可支配收入	15.57	城乡居民收入差异系数	13.80
菏泽	农村居民人均可支配收入	27.09	农业物理供给质量	15.06	农业劳动生产率	14.40

农业社会供给质量方面，山东省各市障碍度排名前三的障碍因子主要包括农业经济供给质量，公路通车里程，有效灌溉面积，农作物秸秆综合利用率，人口自然增长率，农村居民教育、文化和娱乐支出（见表 9-10）。得分较低的东营、淄博、日照需要从这三个方面入手，尤其是要提高农业经济供给质量。虽然所得研究结论与现有研究结论不完全一致，但也是有合理性的。

表 9-10　农业社会供给质量各市障碍因子及障碍度　　单位：%

	第一障碍因子	障碍度	第二障碍因子	障碍度	第三障碍因子	障碍度
济南	农业经济供给质量	39.34	公路通车里程	17.44	有效灌溉面积	16.01
青岛	农业经济供给质量	31.20	公路通车里程	29.07	有效灌溉面积	20.02
淄博	农业经济供给质量	39.05	公路通车里程	20.48	有效灌溉面积	17.85
枣庄	农业经济供给质量	29.48	公路通车里程	22.75	有效灌溉面积	15.83
东营	农业经济供给质量	35.84	公路通车里程	22.25	有效灌溉面积	15.07
烟台	农业经济供给质量	21.50	有效灌溉面积	18.38	公路通车里程	14.48
潍坊	人口自然增长率	15.77	有效灌溉面积	10.89	农作物秸秆综合利用率	7.16
济宁	农业经济供给质量	26.84	公路通车里程	15.50	有效灌溉面积	8.81
泰安	农业经济供给质量	23.97	公路通车里程	17.91	有效灌溉面积	15.92
威海	公路通车里程	29.46	有效灌溉面积	20.50	人口自然增长率	10.81
日照	农业经济供给质量	23.94	公路通车里程	21.81	有效灌溉面积	17.11
临沂	农业经济供给质量	50.21	有效灌溉面积	12.15	农村居民教育、文化和娱乐支出	7.29
德州	农业经济供给质量	21.87	农村居民教育、文化和娱乐支出	12.74	公路通车里程	11.54

续表

	第一障碍因子	障碍度	第二障碍因子	障碍度	第三障碍因子	障碍度
聊城	农业经济供给质量	17.43	公路通车里程	16.78	有效灌溉面积	8.64
滨州	农业经济供给质量	29.37	公路通车里程	16.97	有效灌溉面积	10.97
菏泽	农业经济供给质量	35.82	人口自然增长率	6.02	农作物秸秆综合利用率	5.77

本章首先使用组合赋权法计算了山东省各市农业物理、经济及社会供给质量得分，通过时间序列图反映各市供给质量随时间变化的情况；其次制作了各市农业供给质量空间平面图，以反映各市之间的差异所在；最后进行了障碍因子分析，阐述各市之间差异的原因所在。但由于找寻的存在差异的原因仍在所构建的体系中，且多为结果性指标，因而下一章会寻找新的过程性指标，找到能显著提高农业供给质量的因素。

第十章 山东省农业供给质量提升机制

前文针对山东省农业供给质量构建了综合评价体系并进行了实际测算，得出了山东省农业供给质量得分。本章将研究重点转向机制研究，首先，改良相关性分析，构建更加稳定的计量模型以寻找能显著影响农业供给质量的因素；其次，基于影响因素分析结果，进一步从质量水平分级和地理位置两个角度详细阐述农业供给质量的提升机制。

一　农业供给质量提升机制的影响因素

前文计算出了山东省各市农业供给质量得分，并通过计算障碍度解释了部分地区得分低的原因，但因为在选取指标时是从供给角度出发的，即是由结果性指标组成的，所以还需要找寻模型之外的过程性指标，以方便实施相应的政策。因此，接下来的影响因素分析致力于寻找能够显著提高农业供给质量的过程性因素。

在提升机制的研究上，一些学者侧重于从机制实施的成效展开规范研究；另一些学者则开展实证研究，通过相关性和影响因素分析探究有效的提升机制。本书主要采用的是后者。

在农业供给质量的相关研究中，肖冰等基于熵值法和结构方程模型（SEM）分析农业农村现代化影响因素的权重，认为作用系数代表其对农业农村现代化的驱动力依赖性，研究发现实现农业农村现代化必须要靠农村经济和交通的带动。[①] 吴喜连等构建了农业现代化模型，认为通过加强推广机械化可以高效地实现农产品的高产化和优质化。[②] 黄修杰等通过皮尔逊相关系数分析发现，我国农业高质量发展与城镇化发展水平、经济发展水平显著正相关，农业投资和人力资本的增加会有效提升我国农业高质量发展水平，但农业资源禀赋的影响并不显著。[③] 焦琳惠等通过障碍因子分析发现，高中及以上文化程度的居民所占比重、森林覆盖率和人均粮食产量是甘肃省农业高质量发展的关键障碍因子。[④]

这些学者要么从自身构建指标出发，将权重与重要性等价并基于此提出政策建议，要么从相关性分析出发，找出能够显著提高现有农业供给质量水平的因素。前者因为模型构建本身就含有主观因素，所以基于此提出的政策建议或多或少缺少一定的可操作性；而后者对前者作出了改进，找寻模型之外的因素来提升现有农业供给质量水平，基于此提出的政策建议更能与现实对照，同时增强了模型的解释能力。因而本书采用后者，找寻模型之外的因素来阐述如何提高农业供给质量水平，同时对后者的相关性分析作了改进，通过构建更为稳定的回归方程来增强显著因素的解释力，并更有力地支撑后面基于此提出的政策建议。

---

① 参见肖冰、吴诗翩：《基于结构方程模型的农业农村现代化影响因素分析》，《江苏农业科学》2021 年第 4 期。

② 参见吴喜连、张岚冰、姜永：《农业现代化评价及实证分析》，《浙江农业科学》2017 年第 12 期。

③ 参见黄修杰、蔡勋、储霞玲等：《我国农业高质量发展评价指标体系构建与评估》，《中国农业资源与区划》2020 年第 4 期。

④ 参见焦琳惠、吕剑平：《甘肃省农业高质量发展水平测度及制约因子研究》，《资源开发与市场》2021 年第 3 期。

（一）数据来源与处理

本章数据主要来源于2016—2020年的《山东统计年鉴》《山东金融年鉴》和山东省各市统计年鉴。另外，由于2019年1月9日莱芜被划入济南，因而将2015—2018年莱芜的相应数据并入济南进行计算处理。因为笔者写作时2020年的部分数据还未公布，故使用SPSS 22.0中邻近点的时间趋势进行填充，得到山东省各市2015—2020年相应的面板数据。

（二）多元线性回归

处理的数据类型为面板数据，首先需要检验是否存在固定效应和随机效应，通过检验发现农业物理供给、经济供给、社会供给质量均存在显著的固定效应和随机效应，相关检验如表10-1所示。

表10-1　农业供给质量的固定效应和随机效应检验

	农业物理供给质量		农业经济供给质量		农业社会供给质量	
效应	固定效应	随机效应	固定效应	随机效应	固定效应	随机效应
P 值	0.0000	0.0000	0.0000	0.0000	0.0000	0.0000

1. 农业物理供给质量

根据第九章的分析结果，农业物理供给质量提升的障碍因子主要是“三品一标”农产品数量、人均水产品产量、人均水果产量和人均奶类产量。选取每公顷化肥施用量（单位：千克）及其平方项这一过程性指标与模型中的“三品一标”农产品数量指标相对应；由于水产品不包括淡水生植物，因而使用是否临海这一逻辑值作为控制变量；选取各市园地面积（单位：

公顷）与人均水果产量相对应。因此在该模型中，预设的解释变量为每公顷化肥施用量及其平方项和园地面积。

首先对变量进行相关性检验，检验结果如表 10-2 所示。

表 10-2　农业物理供给质量影响因素的相关性检验

	农业物理供给质量	每公顷化肥施用量	每公顷化肥施用量的平方	园地面积	是否临海
每公顷化肥施用量	0.257**	1.000			
每公顷化肥施用量的平方	0.189*	0.988***	1.000		
园地面积	−0.154	−0.244***	−0.277***	1.000	
是否临海	0.108	−0.419***	−0.435***	0.254***	1.000

注：*、**、*** 分别表示在 0.1、0.05、0.01 的水平下显著。

通过表 10-2 的相关性检验结果可以看出，在 0.1 的显著性水平下，农业物理供给质量和每公顷化肥施用量及其平方项显著相关；农业物理供给质量与园地面积呈负相关，不符合经济含义，需要予以关注。同时发现，园地面积与农业物理供给质量的相关性不显著，但与其他解释变量均显著相关，为避免多重共线性带来的偏误，在进行回归时去除这一变量。

在去除园地面积这一变量之后，进行序列相关和异方差检验，检验结果如表 10-3 所示。

表 10-3　农业物理供给质量序列相关、异方差及 Hausman 检验

检验	序列相关检验		异方差检验		聚类 – 稳健的 Hausman 检验
	固定效应	随机效应	固定效应	随机效应	
P 值	0.0027	0.0000	0.0000	0.0000	0.4469

从表 10-3 中可以看出既存在序列相关又存在异方差，故使用基于 bootstrap 法的 Hausman 检验（聚类 – 稳健的 Hausman 检验），结果发现不能拒绝原假设，应该使用随机效应。因为同时存在序列相关和异方差，所以

使用修正异方差后的广义线性回归（GLS），结果如表10-4所示。可以看出，在显著性水平0.01下，每公顷化肥施用量及其平方项都是显著的。

表10-4　农业物理供给质量修正异方差后的回归结果

	每公顷化肥施用量	每公顷化肥施用量的平方	是否临海
系数	0.266984	−0.000310	5.716542
Z值	6.75	−5.77	4.72
P值	0.000	0.000	0.000

回归结果表明，每公顷化肥施用量不是越少越好，适宜的化肥施用量可以促进产量的增加，也可以在一定程度上保证食品安全。根据回归结果计算出最适宜的化肥施用量是每公顷862.07千克，不过这只包含化肥对农产品的影响，不包括化肥对土地、水资源、自然环境的影响，因而计算所得的适宜的化肥施用量与现实相比是被高估的，但从二次项本身的意义出发，这已经很好地诠释了想要提高农业物理供给质量，化肥施用量应适度，既不能过少，也不能过多。

2. 农业经济供给质量

根据第九章的分析结果，农业经济供给质量的障碍因子主要包括农业物理供给质量、农业劳动生产率、农村居民人均可支配收入、城乡居民收入差异系数。农业物理供给质量在前文已讨论，在这里本应作为控制变量，但为避免多重共线问题，因变量为农业经济供给质量减去农业物理供给质量得分的部分，即“农业经济供给质量 −0.1922[①] × 农业物理供给质量”。选取每公顷农业机械动力（单位：瓦）对应农业劳动生产率指标；选取教育财政支出（单位：万元）、社会保障和就业财政支出（单位：万元）、农业贷款（单位：亿元）对应农村居民人均可支配收入指标；选取城镇化率（单位：%）对应城乡居民收入差异系数指标。所以，预设的解释变量为每公顷农业机械动力、

① 初步回归时农业物理供给质量的系数。

教育财政支出、社会保障和就业财政支出、农业贷款、城镇化率。接着进行相关性检验，检验结果如表 10-5 所示。

表 10-5 去农业物理供给质量的农业经济供给质量影响因素的相关性检验

	去农业物理供给质量的农业经济供给质量	每公顷农业机械动力	教育财政支出	社会保障和就业财政支出	农业贷款	城镇化率
每公顷农业机械动力	0.383**	1.000				
教育财政支出	0.232*	−0.091	1.000			
社会保障和就业财政支出	0.236**	−0.120	0.884***	1.000		
农业贷款	0.460***	0.006	0.381***	0.217***	1.000	
城镇化率	−0.056	−0.423***	0.395***	0.333***	0.260**	1.000

注：*、**、*** 分别表示在 0.1、0.05、0.01 的水平下显著。

由表 10-5 可以看出，城镇化率与去农业物理供给质量的农业经济供给质量相关性不显著，但与其他解释变量均有很强的相关性，为避免多重共线带来的问题，应该剔除该变量。同时可以发现，社会保障和就业财政支出与教育财政支出有很强的相关性，二者应该取其一。许多现有的研究已经有力地证明了人力资本的积累对收入有显著作用，且人力资本的积累对于一个地区的发展而言是内生性的，而社会保障和就业财政支出是强化社会收入的再分配，对农民收入起到补充和兜底作用，因而保留教育财政支出，剔除社会保障和就业财政支出这一变量。

剔除城镇化率、社会保障和就业财政支出变量后，进行序列相关和异方差检验，检验结果如表 10-6 所示。

表 10-6 去农业物理供给质量的农业经济供给质量序列相关、异方差及 Hausman 检验

检验	序列相关检验		异方差检验		聚类－稳健的 Hausman 检验
	固定效应	随机效应	固定效应	随机效应	
P 值	0.0159	0.7823	0.0004	0.0000	0.0000

从表 10-6 可以看出，在固定效应下不存在序列相关但存在异方差，在随机效应下同时存在序列相关和异方差，依然使用聚类 - 稳健的 Hausman 检验，检验发现能够拒绝原假设，因此使用固定效应。因为存在异方差和序列相关，所以使用序列 - 稳健的标准误进行回归。初次进行回归时发现系数为负，考虑到面板数据与时间存在强相关性，故使用双固定效应，回归结果如表 10-7 所示。可以看出，在显著性水平 0.01 下，每公顷农业机械动力、教育财政支出、农业贷款都是显著的。

表 10-7 去农业物理供给质量的农业经济供给质量的回归结果

	每公顷农业机械动力	教育财政支出	农业贷款	时间
系数	0.001377	2.81×10^{-7}	0.065924	2.662812
t 值	13.95	2.32	66.32	6.69
P 值	0.000	0.035	0.000	0.000

根据回归结果，在其他变量不变的情况下，每公顷农业机械动力每增加 1000 瓦，去农业物理供给质量的农业经济供给质量能提高 1.1377；教育财政支出每增加 1 亿元，去农业物理供给质量的农业经济供给质量能提高 0.00281；农业贷款每增加 1 亿元，去农业物理供给质量的农业经济供给质量能提高 0.065924。

3. 农业社会供给质量

根据第九章的分析结果，农业社会供给质量的障碍因子主要有农业经济供给质量、公路通车里程、有效灌溉面积和农作物秸秆综合利用率。与前述处理方法一致，使用去农业经济供给质量的农业社会供给质量作为因变量；选取交通运输财政支出（单位：万元）对应公路通车里程指标；选取耕地面积（单位：公顷）与有效灌溉面积对应，因为有效灌溉面积与一个地区的自然禀赋有一定的关系，所以在这里耕地面积作为控制变量；选取节能环保财政支出（单位：万元）对应农作物秸秆综合利用率指标。故预设的解释变量为交通运输财政支出和节能环保财政支出。接着进行相关性检验，结果如表10-8所示。

表10-8　去农业经济供给质量的农业社会供给质量影响因素的相关性检验

	去农业经济供给质量的农业社会供给质量	节能环保财政支出	交通运输财政支出	耕地面积
节能环保财政支出	0.607***	1.000		
交通运输财政支出	0.477***	0.277***	1.000	
耕地面积	0.767***	0.262***	0.256**	1.000

注：**、*** 分别表示在0.05、0.01的水平下显著。

然后进行序列相关和异方差检验，结果如表10-9所示。从表10-9可以看出，在固定效应下不存在序列相关但存在异方差，在随机效应下既存在序列相关又存在异方差，使用聚类－稳健的Hausman检验，根据检验结果应该选用固定效应。

表10-9　去农业经济供给质量的农业社会供给质量序列相关、异方差及Hausman检验

检验	序列相关检验		异方差检验		聚类－稳健的Hausman检验
	固定效应	随机效应	固定效应	随机效应	
*P*值	0.0032	0.0000	0.0000	0.0000	0.0156

因为既存在序列相关又存在异方差，所以使用序列－稳健的标准误进行回归，结果如表10-10所示。可以看出，在显著性水平0.01下，节能环保财政支出和交通运输财政支出都是显著的。

表 10-10　去经济供给质量的农业社会供给质量回归结果

	节能环保财政支出	交通运输财政支出	耕地面积
系数	0.0000432	0.0000137	0.0000302
t 值	9.61	15.52	60.48
P 值	0.000	0.000	0.000

根据表 10-10，在其他变量不变的情况下，节能环保财政支出每增加 1 亿元，农业社会供给质量能增加 0.432；交通运输财政支出每增加 1 亿元，农业社会供给质量能增加 0.137。若这些财政支出主要投入农业，则对农业社会供给质量水平提高的作用会更加显著。

（三）稳健性检验

通过增减变量或更换变量的方法来测试模型的稳健性，结果如表 10-11、表 10-12、表 10-13 所示。其中，农业物理供给质量和去农业物理供给质量的农业经济供给质量，采取增加变量的方式来测试模型的稳健性，去农业经济供给质量的农业社会供给质量采取更换相近变量的方式来测试模型的稳健性（用农用地面积更换耕地面积）。

表 10-11　农业物理供给质量的稳健性检验结果

	每公顷化肥施用量	每公顷化肥施用量的平方	是否临海	园地面积
系数	0.3022284	−0.0003593	5.7876630	−0.0000628
Z 值	7.35	−6.49	5.04	−3.78
P 值	0.000	0.000	0.000	0.000

表 10-12　去农业物理供给质量的农业经济供给质量的稳健性检验结果

	每公顷农业机械动力	农业贷款	教育财政支出	城镇化率
系数	0.0012681	0.0681453	7.15×10^{-7}	−0.1158461
t 值	8.53	22.77	1.82	−1.44
P 值	0.000	0.000	0.089	0.170

表 10-13　去农业经济供给质量的农业社会供给质量的稳健性检验结果

	节能环保财政支出	交通运输财政支出	农用地面积
系数	0.0000394	0.0000128	0.0000250
t 值	7.30	6.54	9.64
P 值	0.000	0.000	0.000

由以上结果可以看出，解释变量的 *Z* 值变化幅度不大，且 *P* 值均未发生大幅变化（仅教育财政支出的 *P* 值有变化，且变化之后依然显著，其余变量的 *P* 值均未改变），因而可以认为前文所构建的模型具有良好的稳健性。

二　农业供给质量的提升机制

本章首先通过障碍因子分析探究模型内制约各地区农业供给质量提升的因素，然后通过寻找模型外的过程性指标进一步深入地探寻各地区农业供给质量存在差异的原因。通过上述实证分析结果已初步探索出农业供给质量的提升机制，为使其更为清晰明了，下面从以下两个角度详尽地阐述山东省农业供给质量的提升机制。

（一）基于质量水平分级的提升机制

根据前文所述，将各地区供给质量的得分水平分为五级——低、较低、中、高、很高，下面分别叙述。

1. 农业物理供给质量

（1）低水平地区（淄博、临沂、枣庄）。制约这三个地区的农业物理供给质量提升的主要是“三品一标”农产品数量，这一指标的障碍度在这三个地区均在 85% 以上，这三个地区“三品一标”农产品数量过少是导致其农业物理供给质量水平低的最主要原因。

淄博、临沂、枣庄首先需要完善监管体系，禁止有害化肥进入市场，加强对农产品质量的监测与监督，增加对农民的培训，引导其合理施用化肥，并加强市与县级之间的联系，形成统一的标准，尽力避免管理缺位。其次，在与其他地区标准一致的前提下，增加“三品一标”农产品的认证数量，增大获得认证的奖励力度，多方法、多渠道激励农民和企业种植、生产无公害、绿色、有机的农产品。最后，可以通过初期给予补贴的方式适当降低“三品一标”农产品的价格，吸引消费者购买。加大对取得地理标志农产品的宣传力度，可以将其产品优势加印到旅游手册上，并加强对地理标志农产品的保护，谨防假冒地理标志的农产品进入市场。

（2）较低水平地区（日照）。制约该地区农业物理供给质量提升的也主要是“三品一标”农产品数量，其障碍度达到 84.63%。

日照提升农业物理供给质量，可参照淄博、临沂、枣庄农业物理供给质量的提升机制。但值得注意的是，日照紧挨济南、青岛这两个农业物理供给质量水平较高的地区，当地的“三品一标”农产品在价格上会相对不占优势，农产品市场也会被相邻地区更为优质的农产品占据，企业和农民生产优质农产品的动力相对缺乏。因而日照需要加快本地优质农产品的培育速度，初期可以通过加大宣传力度和提供适当补贴及奖励的方式激励相关企业和农民，并积极寻求省外合作，扩大市场份额，提升该地区农产品的知名度。此外，日照作为临海市，人均水产品的障碍度却较高，这可能与该地区常住人口较多有关，但也说明了该地区人均水产品产量不足，需要根据海水条件、水质、饵料进行合理放养，多施用绿色高效化肥，在与自然和谐相处的前提下提高水产品产量。

（3）中水平地区（泰安、滨州、烟台、威海、济宁）。制约这五个地区的农业物理供给质量提升的也主要是“三品一标”农产品数量，这一指标在这五个地区的障碍度均达到 80% 以上。其农业物理供给质量的提升机制与淄博、临沂、枣庄类似，与济南相邻的泰安和滨州需要注意济南优质农产品对本地市场的挤占，可以通过加大宣传力度、给予适当补贴和加强对地理标志农产品的保护，激励企业和农民共同培育优质的农产品。

（4）高水平地区（青岛、德州、东营、菏泽）。制约这四个地区的农业物理供给质量提升的主要因素也是“三品一标”农产品数量，这一指标在这四个地区的障碍度在 80% 左右。其农业物理供给质量的提升机制与淄博、临沂、枣庄类似。除此以外，德州左靠聊城、右接济南，需要额外注意这两个地区的优质农产品对本地市场的挤占；东营需要注意潍坊的优质农产品对本地市场的挤占；菏泽需要增加水产品和奶类的产量；青岛可以凭借旅游优势，增加对本地优质农产品的宣传。

（5）很高水平地区（潍坊、济南、聊城）。制约济南和聊城农业物理供给质量提升的主要是“三品一标”农产品数量，而制约潍坊农业物理供给质量提升的主要是人均水果产量。聊城要注重培育优质农产品，加快推进“三品一标”农产品认证，可以加强与其他省份的联系，增加本地市场培育优质农产品的动力；济南要稳步推进“三品一标”农产品认证，适量增加水产品的产量；潍坊要通过使用绿色、高效的有机化肥来增加水果产量。

2. 农业经济供给质量

（1）低水平地区（淄博、东营、临沂）。制约淄博和临沂农业经济供给质量提升的第一障碍因子为农业物理供给质量，这一指标的障碍度在这两个地区均在 25% 以上。这表明这两个地区想要提升农业经济供给质量，首先务必要培育出更多本地优质的农产品。制约东营农业经济供给质量提升的主要障碍因子为城乡居民收入差异系数，这一指标的障碍度达到 27.92%，它在淄博和临沂的障碍度也在 15% 以上。这说明这三个地区想要提升农业经济供给质量，急需提高农民收入，可以通过增加农业农村教育技术培训资金投入，从而增强初次分配的公平性。

淄博、东营和临沂可以通过适当地放宽农业贷款门槛，增加农业贷款规模，提高农民收入，加强对农民的技术教育培训，提升农民的人力资本，同时加快农村剩余劳动力的转移，缩小城乡居民收入差距。

（2）较低水平地区（枣庄、济南）。制约枣庄农业经济供给质量提升的第一障碍因子是农业物理供给质量，这一指标的障碍度达到30.02%。枣庄急需提升本地农业物理供给质量，培育更多优质的农产品。而制约济南农业经济供给质量提升的第一障碍因子是城乡居民收入差异系数，这一指标的障碍度达到32.34%，而农村居民收入的障碍度却在10%以下，这说明虽然济南地区的农民收入与其他地区相比处于较高水平，但与城镇居民相比仍有较大的差距。

济南需要加大社会保障和就业支出，增加对农村农民的转移支付，强化社会保障的兜底作用。积极发展区域特色农业，继续打造实施“一村一品”工程，稳步提高农民收入，力争农民收入增长率高于GDP增长率。加强对农民的技术教育培训，增强农民的人力资本，引导其合理理财，增加财产性收入。增强金融机构对农业的扶持力度，适当放宽农业贷款条件，促进农民收入进一步提高。此外，还需要积极加快农村剩余劳动力的转移，缩小城乡居民收入差距。

在枣庄，农业劳动生产率的障碍度达到11.03%。枣庄需要提高每公顷农业机械化动力，加强对农民的技术培训，实现农业生产规模化，加大金融机构对农民购买农业设备的扶持力度，例如通过融资性租赁，即先由金融机构出资购买农业设备，农民只需偿付金融机构含有较低利息的租金，提升当地农业机械化水平，进而提高当地的农业劳动生产率。

（3）中水平地区（菏泽、泰安、日照、滨州）。制约泰安、日照和滨州农业经济供给质量提升的第一障碍因子是农业物理供给质量，这一指标的障碍度在这三个地区均在25%左右。这三个地区急需培育更多优质的农产品。制约菏泽农业经济供给质量提升的第一障碍因子是农村居民收入，这一指标的障碍度达到27.09%，这一指标在其他三个地区的障碍度也在15%左右，在这些地区农村居民收入的障碍度远大于城乡居民收入差异系数，这也说明在这些地区收入分配虽然较为公平，但总体收入较低。

这四个地区需要打造区域特色产业，可以通过电子商务、产业集群、规模化生产等提升农业效益，增加农民收入，同时放宽农民贷款条件，增加金融机构对农业的支持。

（4）高水平地区（聊城、德州、济宁、青岛、烟台、威海）。制约烟台、威海、济宁农业经济供给质量提升的第一障碍因子是农业物理供给质量，这一指标的障碍度在这三个地区均在30%左右，说明这些地区需要加快培育更多优质的农产品。制约聊城、德州农业经济供给质量提升的第一障碍因子是农村居民收入，这一指标在这两个地区的障碍度均在25%以上。这两个地区在提升农民收入上需要注重农业机械化设备的使用，提升农业的规模化水平，加强对农民的技术培训，同时放宽农民贷款条件，增加金融机构对农业的支持等。

制约青岛农业经济供给质量提升的第一障碍因子是城乡居民收入差异系数。青岛经济较为发达，虽然农村居民收入高于其他地区，但社会初次分配较为不均。其提升机制与济南类似，此外青岛旅游业较为发达，可以增强相关产业对农村剩余劳动力的吸纳能力，缩小城乡居民收入差距。

（5）很高水平地区（潍坊）。制约其农业经济供给质量提升的第一障碍因子是农业劳动生产率，这说明当地农业机械化水平和规模化发展水平仍待提高；城乡居民收入差异系数的障碍度次之，这说明潍坊需要增强社会再分配功能，并促进农业剩余劳动力的转移。

3. 农业社会供给质量

（1）低水平地区（淄博、日照、枣庄、东营）。制约这四个地区农业社会供给质量提升的第一障碍因子是农业经济供给质量，这一指标在这四个地区的障碍度均在 20% 以上。这说明这四个地区想要提升农业社会供给质量，首先需要提升农业经济供给质量，即增加农民收入、缩小城乡收入差距、提升农业规模和机械化水平、培育区域特色产业等。第二障碍因子是公路通车里程，这一指标在这四个地区的障碍度也均在 20% 以上。这说明这四个地区需要增加交通运输财政支出，加强与各市以及地区内各县（市、区）之间的联系，从而便于农产品的运输和售卖，也便于农村剩余劳动力的转移。

（2）较低水平地区（泰安、临沂、威海、滨州）。制约泰安、临沂、滨州农业社会供给质量提升的第一障碍因子是农业经济供给质量，说明这三个地区首先需要提升农业经济供给质量。制约威海农业社会供给质量提升的第一障碍因子是公路通车里程，这一指标的障碍度达到 29.46%，这一指标在泰安、滨州的障碍度也在 15% 以上，说明威海、泰安及滨州需要增加交通运输财政支出，增强与其他地区的联系。

（3）中水平地区（济南、烟台）。制约这两个地区农业社会供给质量提升的第一障碍因子是农业经济供给质量，这一指标在这两个地区的障碍度均在 20% 以上，说明这两个地区首先需要提升农业经济供给质量。公路通车里程和有效灌溉面积的障碍度均在 15% 左右，说明这两个地区需要增加交通运输财政支出和节能环保财政支出。

（4）高水平地区（青岛、聊城、济宁、菏泽、德州）。制约这五个地区农业社会供给质量提升的第一障碍因子是农业经济供给质量，说明这些地区首先需要提升农业经济供给质量。青岛、聊城、济宁的第二障碍因子为公路通车里程，障碍度均在 15% 以上，说明这些地区需要增加交通运输财政支出。菏泽的第二障碍因子为农作物秸秆综合利用率，说明需要增加节能环保财政支出。

（5）很高水平地区（潍坊）。制约其农业社会供给质量提升的第一障碍因子是人口自然增长率。潍坊需要进一步美化环境，提高居民健康水平和生活质量。第二和第三障碍因子分别是有效灌溉面积和农作物秸秆综合利用率，这都说明潍坊需要增加节能环保财政支出。

（二）基于地理位置的提升机制

根据各地市在山东省的地理位置，将区域划分为鲁西北、鲁西南、鲁中和鲁东地区，以探究各区域农业供给质量的提升机制。

1. 农业物理供给质量

（1）鲁西北地区（聊城、德州、滨州、东营）。德州、滨州和东营需要学习聊城培育优质农产品的先进经验；聊城需要发挥带头作用，积极寻求省外合作，增强这一地区培育优质农产品的动力。

（2）鲁西南地区（菏泽、济宁、枣庄）。鲁西南地区整体农业供给质量水平较低，需要向济南和潍坊学习培育优质农产品的体制机制，加快优质农产品的认证，同时加强省外合作，提升本地已有优质农产品的知名度，让培育出优质农产品的企业和农民有利可图，从而激励其他微观主体积极培育优质农产品。

（3）鲁中地区（济南、淄博、泰安、临沂、日照）。济南需起到带头作用，可以通过定向帮扶的方式增强周边地区农产品的竞争力，泰安、临沂、日照需要加强与济南的联系，学习济南先进的体制机制，济南同时也可以通过临沂加强与江苏省的联系，增加农产品贸易往来，提升山东省农产品的知名度。

（4）鲁东地区（青岛、潍坊、烟台、威海）。青岛、烟台和威海要积极向潍坊学习，加快推进本地优质农产品的培育，并利用其旅游优势，加大对本地优质农产品的宣传力度。潍坊也可以通过青岛、烟台和威海等地加强对外联系，对外提升山东省农产品的知名度。

2. 农业经济供给质量

（1）鲁西北地区（聊城、德州、滨州、东营）。鲁西北地区需要发挥聊城、德州和滨州的带动作用，提升东营的农业经济供给质量。东营需要积极学习其他地市的先进体制机制，关注社会再分配，促进社会公平，缩小城乡居民收入差距。

（2）鲁西南地区（菏泽、济宁、枣庄）。鲁西南地区要加强省外合作，拓宽农产品的销售渠道，从而增加农民收入。济宁和枣庄急需培育更多优质农产品，有了物理效益才能获得更好的经济效益。

（3）鲁中地区（济南、淄博、泰安、临沂、日照）。鲁中地区农业经济供给质量水平普遍偏低，需要多措并举，想方设法地提高当地农村居民的收入，强化社会再分配职能，缩小城乡居民收入差距，大力发展地区特色产业，推进农业机械化和规模化发展，加强地区之间的合作与沟通。

（4）鲁东地区（青岛、潍坊、烟台、威海）。鲁东地区农业经济供给质量水平普遍较高，潍坊需要发挥带头作用，其他地市需要积极学习潍坊培育优质农产品的先进体制机制及相应举措。此外，青岛还需注重缩小城乡居民收入差距，潍坊需进一步提高农业机械化和规模化水平。

3. 农业社会供给质量

（1）鲁西北地区（聊城、德州、滨州、东营）。鲁西北地区要发挥聊城和德州对滨州和东营的带动作用，滨州和东营需积极学习聊城、德州先进的体制机制，增加交通运输和节能环保财政支出，加强与其他地区的联系，促进节能技术的转换与应用。

（2）鲁西南地区（菏泽、济宁、枣庄）。枣庄需加强与菏泽、济宁的沟通与联系，互相交流节能环保的经验与技术。枣庄首先需要提升农业经济供给质量，加快培育优质农产品，然后增加交通运输和节能环保财政支出，加强与其他地区的联系，加快研发高效节能技术，进一步美化环境，打造宜居城市。

（3）鲁中地区（济南、淄博、泰安、临沂、日照）。鲁中地区农业社会供给质量水平普遍偏低，这与其农业经济供给质量水平较低有较大关系。鲁中地区首先需要提升农业经济供给质量，即增加农民收入、缩小城乡收入差距、提升农业规模和机械化水平、培育区域特色产业等。增加交通运输财政支出，加强与其他地区之间的联系，加强地区之间经验与技术的交流，增加节能环保财政支出，促进节能环保技术落地与应用，互帮互助，共同提升农业社会供给质量。

（4）鲁东地区（青岛、潍坊、烟台、威海）。鲁东地区农业社会供给质量水平整体较高，各地市需要进一步增加交通运输财政支出，加强沟通与协作，互相交流先进的节能环保技术与经验，一起努力打造宜居环境，提高居民健康水平和生活质量，吸引其他地区人口迁入，从而打造地区新的增长极，实现地区经济可持续发展。

结　语

本书研究山东省农业生产率增长潜力，首先建立了一个规模经济不变的Cobb-Douglas生产函数模型，来估计山东省各市农业TFP的值，并通过数理模型测算了山东省农业TFP损失，然后对农产品出口对山东省农业TFP的影响进行了实证分析。通过研究本书得出了以下结论。

第一，从测算结果可以看出，2000—2016年，山东省农业TFP以均值2.88%的速度下降。2000—2013年山东省农业TFP整体呈下降趋势，农业投入要素的生产率逐年降低，主要原因是农村劳动力的流失和资源配置效率的降低。从2013年起，农业TFP缓慢上升，农业投入要素的生产率逐渐增加。2000—2018年，农业TFP均值超过0.25的城市有枣庄市、济南市、烟台市、泰安市、青岛市。

第二，山东省农业要素价格的相对扭曲程度在2000—2010年相对平缓，2010—2016年扭曲程度增加，总体扭曲程度逐年缓慢增加。山东省潜在产出与实际产出的比值逐年增加，从理论上来说，如果减少山东省农业劳动力和资本的资源配置扭曲，实现农业劳动力和资本的合理配置，可以使山东省农业产出增长49.1%。因此，山东省农业生产率的增长潜力在50%左右。

第三，山东省农产品出口在5%的置信度水平上对农业TFP有显著的正效应，农产品出口可以通过学习效应、规模经济、技术溢出效应来提高山东省农业 TFP。当山东省各市的农产品出口总值增长 1% 时，各市的农业 TFP 增加 0.007，农业 TFP 损失减少 0.0075。山东省农业科技发展水平较低，仍采取粗放型农业经济增长方式，农业出口对农业 TFP 的正效应无法抵消资源配置扭曲对农业 TFP 的负效应，使得农业 TFP 呈下降趋势。

第四，要实现乡村振兴，转变为现代化农业生产方式，实现质量兴农，推进农业结构更合理化，就要兼顾两个方面：一方面，要深化对外开放，积极参与国际竞争，提高国际竞争实力；另一方面，要优化配置农业生产资源，提高山东省农业 TFP，实现用内在动力来推动农业经济长期增长。

山东省应坚持以提高农业 TFP 为目标，将粗放型农业经济发展方式转变为集约型农业经济发展方式，提升山东省农产品国际竞争力，实现农业经济规模化、集约化、专业化的可持续发展。具体政策建议如下。

其一，减少农村劳动力流失，降低劳动力和资本的错配。这是提高山东省农业 TFP 的关键。要提高生产效率，改善投入产出关系，促进山东省农业经济长期可持续发展，就要加大农村劳动力资源的开发和农村教育的投入，提高农村劳动力素质，加强农村专业人才建设，培育农业技术型人才，在就业制度上和社会保障制度上促进城乡劳动力合理流动。深化对山东省农业经济的资本投入，在推进农业基础设施建设的同时不断创新农村金融制度，使其适应不同时期农业的资金需要，提升金融服务水平，增加对农业产业化、集群化发展的财政支持，达到持续改善劳动力和优化资源配置的目的。

其二，把推进农业供给侧结构性改革作为主线，实施质量兴农战略。首先，应加强农业组织的创新和促进农业组织能力的增长，发挥新型农业经营主体的作用，发展组织性的农业主体，比如农民专业合作社组织、现代化家庭农牧场、乡村农业企业等，避免农业生产经营主体较为分散、农用土地配置分散的问题，实现农业经济组织化生产。其次，应深化农业机制体制创新，深化农产品形成机制，完善政府对农业的补贴政策，从市场需求和有效供给的角度完善农产品价格体系。最后，应当建立农业行业协会，对接国内外市场，发展“互联网+农业”，跨地区、跨组织地开拓市场，通过进出口贸易降低山东省农产品交易成本，发挥农业比较优势，生产符合市场需求的农产品。

其三，提高农业科技的创新力、竞争力，构建农业现代化和资源节约型、环境友好型的“两型”生产体系。山东省农业经济要逐步从粗放型增长向集约型增长推进，农业经济增长的动力应逐步从要素投入的增加转变为资源配置的优化和科技研发的创新。目前山东省农业生产机械化虽然达到了80%，但农业生产经营方式还比较粗放，因此应实现农业关联产业发展，将农林牧渔业以及农产品加工等环节连接在一起，实现生态农业、循环农业，打造资源节约型、产业结合度高的绿色农业。另外，农业集约型增长要依靠农业科学技术的支持，一是要加大农业科研投资，加强科研成果在农业生产中的应用，渗透自动控制、物联网、移动互联网等新技术，打造智慧型农业；二是要完善农业科研融资机制，刺激农业技术研发部门创新；三是要调整农业科研资金的配置结构，促进产业化农业的发展，实现规模效应；四是要提高农业科技的自主创新能力，积极引进国外先进的农业设备、技术、知识，实现农业科技知识的溢出效应，带动全省农业科技进步。

其四，培育具有特色优势的农产品，发展“寿光模式”等，确保在粮食有效供给的同时形成有区域特色的农业主导品牌和产品。重点优化农产品的加工、流通过程，构造完整的产业链条，完善生产、加工、物流、质量控制、诚信保障等，面对日益扩大的国际市场发挥比较优势。

其五，深化与国际市场农产品的贸易关系，特别是要利用好“一带一路”的机遇，支持农产品“走出去”并引进农业技术，提升农产品的国际竞争力，提高农业生产率，构建农业对外开放新格局。发挥青岛、烟台等沿海城市的港口作用，扩大与日本、韩国、东盟的农业产业合作。鼓励本地区农业企业到省外、国外开拓市场，建设生产研发基地，形成营销网络。支持有实力的农业企业在国外创立农业合作园区，提升具有比较优势的农产品的出口份额。

制约山东省农业发展的问题主要有区域发展不平衡、农业收入水平低，鲁西北地区主要是农业科技水平低，鲁南地区主要是农产品加工业对农业发展的带动作用不强，东部半岛地区主要是农业人口缺失。研究发现，影响山东省农业发展的主要因素有耕地面积、农业人口、农业科技水平、财政支出水平和产业结构。山东省整体耕地面积系数不显著、产业结构与财政支出水平系数正向显著，鲁西北地区农业科技水平系数正向显著，鲁南地区的产业结构系数不显著，东部半岛地区的农业人口系数负向显著。

根据山东省以及各地区农业存在的问题和影响因素分析，对于山东省整体农业发展和各地区农业发展，从政府和企业的角度提出对应的策略。山东省整体要加快土地流转，优化产业结构，促进农业合作社建设，引导财政补贴向鲁西北地区倾斜；鲁西北地区要发展机械化农业，采取产学研融合策略；鲁南地区要发展品牌农业和完善订单农业；东部半岛地区要推进智慧农业和发展休闲农业。

进一步，本书通过构建和计算山东省农业物理供给、经济供给、社会供给质量综合指标体系，发现以下几个特点。

在农业物理供给质量上，整体呈现出北部高、中南部低的态势，得分低的地区主要是由于“三品一标”农产品数量、人均水产品产量、人均水果产量等指标得分偏低。

在农业经济供给质量上，总体呈现出两边高、中间低，东部和北部高、西南部低的态势，得分低的地区主要是由于农业物理供给质量、农村居民收入、城乡居民收入差异系数、地区农业对地区经济增长的贡献率等指标得分偏低。

在农业社会供给质量上，总体呈现出两边高、中间低的态势，得分低的地区主要是由于农业经济供给质量、公路通车里程和有效灌溉面积等指标得分偏低。

总的来说，潍坊、聊城、青岛、烟台、德州在农业物理供给、经济供给、社会供给质量上得分都较高，可以在一定程度上认为这些地区的农业供给质量水平较高；淄博、枣庄、日照、滨州在农业物理供给、经济供给、社会供给质量上得分都偏低，可以在一定程度上认为这些地区的农业供给质量水平偏低。

通过影响因素研究发现，每公顷化肥施用量及其平方项对农业物理供给质量的提升有显著作用；每公顷农业机械动力、教育财政支出和农业贷款对农业经济供给质量的提升有显著作用；节能环保财政支出和交通运输财政支出对农业社会供给质量的提升有显著作用。

因而，淄博、临沂、枣庄等农业物理供给质量偏低的地区，需要通过合理施用化肥来提升农业物理供给质量；临沂、淄博、东营等农业经济供给质量偏低的地区，需要通过增加农业机械化动力、教育财政支出及农业贷款来提升农业经济供给质量；日照、枣庄、东营等农业社会供给质量偏低的地区，需要通过增加节能环保和交通运输财政支出来提升农业社会供给质量。

参考文献

一　中文文献

安烨、钟廷勇:《吉林省文化创意产业规模、结构的时空分布和趋势——基于信息熵和区位熵的分析》,《税务与经济》2012 年第 5 期。

蔡慧敏:《乡村振兴背景下农村土地流转政策梳理》,《农业经济》2018 年第 10 期。

曹玉书、楼东玮:《资源错配、结构变迁与中国经济转型》,《中国工业经济》2012 年第 10 期。

柴彭颐、周洁红:《农业可持续发展特征及指标结构》,《浙江社会科学》1999 年第 2 期。

车维汉、杨荣:《技术效率、技术进步与中国农业全要素生产率的提高——基于国际比较的实证分析》,《财经研究》2010 年第 3 期,

陈兢:《乡村振兴视角下电子商务发展对农业产业集聚的影响——以广西为例》,《商业经济研究》2021 年第 8 期。

陈卫平:《中国农业生产率增长、技术进步与效率变化——1990—2003 年》,《中国农村观察》2006 年第 1 期。

陈永伟、胡伟民:《价格扭曲、要素错配和效率损失——理论和应用》,《经济学》(季刊)2011 年第 4 期。

陈永伟:《资源错配：问题、成因和对策》，北京大学博士学位论文，2013 年。

崔锐:《乡村振兴战略背景下我国农业科技协同创新的动力机制与现实路径》,《农业经济》2021 年第 2 期。

杜志雄、朱思柱:《抓住农业农村主要矛盾　加快推进乡村全面振兴》,《东岳论丛》2018 年第 8 期。

方福前、张艳丽:《中国农业全要素生产率的变化及其影响因素分析——基于 1991—2008 年 Malmquist 指数方法》,《经济理论与经济管理》2010 年第 9 期。

高齐圣、路兰:《农产品质量安全影响因素分析——基于 DEMATEL 和 QFD 方法》,《复杂系统与复杂性科学》2013 年第 1 期。

龚关、胡关亮:《中国制造业资源配置效率与全要素生产率》,《经济研究》2013 年第 4 期。

郭庆旺、贾俊雪:《中国全要素生产率的估算——1979—2004》,《经济研究》2005 年第 6 期。

郭庆旺、赵志耘、贾俊雪:《中国省份经济的全要素生产率分析》,《世界经济》2005 年第 5 期。

韩海彬、赵丽芬:《环境约束下中国农业全要素生产率增长及收敛分析》,《中国人口·资源与环境》，2013 年第 3 期。

韩剑、郑秋玲:《政府干预如何导致地区资源错配——基于行业内和行业间错配的分解》,《中国工业经济》2014 年第 11 期。

胡文国、吴栋、吴晓明:《我国农民收入增长影响因素的实证分析》,《经济科学》2004 年第 6 期。

胡永泰:《中国全要素生产率——来自农业部门劳动力再配置的首要作

用》,《经济研究》1998 年第 3 期。

黄修杰、蔡勋、储霞玲等:《我国农业高质量发展评价指标体系构建与评估》,《中国农业资源与区划》2020 年第 4 期。

贾立:《中国农民收入影响因素的实证分析》,《四川大学学报》(哲学社会科学版)2015 年第 6 期。

简泽:《远距离贸易、技术变迁与长期经济增长》,《经济评论》2010 年第 5 期。

蒋和平、郭超然、蒋黎:《乡村振兴背景下我国农业产业的发展思路与政策建议》,《农业经济与管理》2020 年第 1 期。

焦晋鹏:《基于结构方程模型的农业可持续发展影响因素分析》,《统计与决策》2019 年第 6 期。

焦琳惠、吕剑平:《甘肃省农业高质量发展水平测度及制约因子研究》,《资源开发与市场》2021 年第 3 期。

靳来群、林金忠、丁诗诗:《行政垄断对所有制差异所致资源错配的影响》,《中国工业经济》2015 年第 4 期。

李创、吴国清、巩欢:《农村金融改革视角下江苏省精准扶贫创新研究——基于江苏农村商业银行的 SWOT 分析》,《农村经济与科技》2018 年第 11 期。

李谷成、冯中朝:《中国农业全要素生产率增长:技术推进抑或效率驱动——一项基于随机前沿生产函数的行业比较研究》,《农业技术经济》2010 年第 5 期。

李谷成:《技术效率、技术进步与中国农业生产率增长》,《经济评论》2009 年第 1 期。

李谷成:《人力资本与中国区域农业全要素生产率增长——基于 DEA 视角的实证分析》,《财经研究》2009 年第 8 期。

李谷成:《中国农业生产率增长的地区差距与收敛性分析》,《产业经济研究》2009年第2期。

李汉昌:《我国农产品质量的现代化管理》,《农村实用工程技术》2001年第3期。

李尽法、吴育华:《河南省农业全要素生产率变动实证分析——基于Malmquist指数方法》,《农业技术经济》2008年第2期。

李静、孟令杰:《中国农业生产率的变动与分解分析:1978—2004年——基于非参数的HMB生产率指数的实证研究》,《数量经济技术经济研究》2006年第5期。

李武、钱贵霞:《农村集体经济发展助推乡村振兴的理论逻辑与实践模式》,《农业经济与管理》2021年第1期。

廖彩荣、陈美球:《乡村振兴战略的理论逻辑、科学内涵与实现路径》,《农林经济管理学报》2017年第6期。

林凌、周德翼、黄启琚:《基于互联网的食品质量安全可追踪系统设计》,《合肥工业大学学报》(自然科学版)2005年第5期。

林毅夫、李周:《发育市场——九十年代农村改革的主线》,《农业经济问题》1992年第9期。

林毅夫、苏剑:《论我国经济增长方式的转换》,《管理世界》2007年第11期。

刘书成、崔迪:《农村劳动力再就业问题在乡村振兴中的重要作用》,《农业与技术》2021年第8期。

刘玉婷、陈泮江、宋淑玲等:《生态循环农业技术模式探究——以山东省淄博市为例》,《农业与技术》2020年第17期。

娄博杰、张惠娜、宋敏等:《农户农产品质量安全认知水平影响因素实证分析——基于中国东部6省调研数据》,《中国农学通报》2016年第8期。

卢秉福、孙一鸣、韩卫平:《黑龙江省绿色农业可持续发展主要影响因素分析》,《中国农学通报》2011年第32期。

罗德明、李晔、史晋川:《要素市场扭曲、资源错置与生产率》,《经济研究》2012 年第 3 期。

全炯振:《中国农业全要素生产率增长的实证分析：1978—2007 年——基于随机前沿分析（SFA）方法》,《中国农村经济》2009 年第 9 期。

邵明晖、吴彪、李宁等:《种植类农产品质量安全评价指标及权重确定研究》,《黑龙江工程学院学报》2015 年第 1 期。

帅传敏、周敏、程欣等:《农业可持续发展影响因素研究——以重庆为例》,《中国经贸导刊》(理论版）2020 年第 9 期。

孙红霞:《山东省财政支农支出对农业经济增长贡献的地区差异研究——基于 17 地市及三大经济区域面板数据分析》,《乡镇经济》2008 年第 10 期。

孙兴权、姚佳、韩慧等:《中国食品安全问题现状、成因及对策研究》,《食品安全质量检测学报》2015 年第 1 期。

涂正革、肖耿:《中国的工业生产力革命——用随机前沿生产模型对中国大中型工业企业全要素生产率增长的分解及分析》,《经济研究》2005 年第 3 期。

王钿、王晓琼、刘国勇:《乡村振兴背景下农户农业代际传承意愿研究》,《农业经济》2021 年第 4 期。

王建华、刘茁、李俏:《农产品安全风险治理中政府行为选择及其路径优化——以农产品生产过程中的农药施用为例》,《中国农村经济》2015 年第 11 期。

王志刚、龚六堂、陈玉宇:《地区间生产效率与全要素生产率增长率分解（1978—2003）》,《中国社会科学》2006 年第 2 期。

王中兴、牟琼、李桥兴:《多属性决策的组合赋权法》,《应用数学与计算数学学报》2003 年第 2 期。

吴喜连、张岚冰、姜永:《农业现代化评价及实证分析》,《浙江农业科学》2017 年第 12 期。

肖冰、吴诗翩:《基于结构方程模型的农业农村现代化影响因素分析》,《江苏农业科学》2021 年第 4 期。

肖小虹:《民族地区农业产业结构调整的生态战略研究——以黔东南苗族侗族自治州为例》,《贵州民族研究》2010 年第 4 期。

许惠娇、贺聪志、叶敬忠:《"去小农化"与"再小农化"?——重思食品安全问题》,《农业经济问题》2017 年第 8 期。

许经勇:《实施乡村振兴战略 深化财政体制改革》,《农业经济与管理》2019 年第 6 期。

薛钦源、郑小平、李雨桐:《农产品质量安全信用及评价指标体系研究》,《征信》2021 年第 1 期。

杨春玲、周肖肖:《农民农业收入影响因素的实证分析》,《财经论丛》2010 年第 2 期。

杨蔓、李闯、陈广大:《农作物秸秆焚烧污染与防治》,《黑龙江环境通报》2018 年第 2 期。

叶兴庆:《新时代中国乡村振兴战略论纲》,《改革》2018 年第 1 期。

易纲、樊纲、李岩:《关于中国经济增长与全要素生产率的理论思考》,《经济研究》2003 年第 8 期。

银元、李晓琴:《乡村振兴战略背景下乡村旅游的发展逻辑与路径选择》,《国家行政学院学报》2018 年第 5 期。

余应鸿:《乡村振兴背景下教育精准扶贫面临的问题及其治理》,《探索》2018 年第 3 期。

袁富华:《长期增长过程的"结构性加速"与"结构性减速"——一种解释》,《经济研究》2012 年第 3 期。

袁志刚、解栋栋:《统筹城乡发展——人力资本与土地资本的协调再配置》,《经济学家》2010 年第 8 期。

袁志刚、解栋栋:《中国劳动力错配对 TFP 的影响分析》,《经济研究》

2011 年第 7 期。

张峰:《长三角农业高质量一体化发展评价研究》,《中国农业资源与区划》2021 年第 1 期。

张乐、曹静:《中国农业全要素生产率增长：配置效率变化的引入——基于随机前沿生产函数法的实证分析》,《中国农村经济》2013 年第 3 期。

张培刚:《〈创新激励与经济发展〉评介》,《经济学动态》2002 年第 7 期。

张天佐、郭永田、杨洁梅:《基于价格支持和补贴导向的农业支持保护制度改革回顾与展望》,《农业经济问题》2018 年第 11 期。

张维海:《发展山东农业的策略思考》,《山东省农业管理干部学院学报》2002 年第 6 期。

张学海:《土地流转助力农业规模经营——山东寿光农村土地流转的实践探索》,《中国集体经济》2012 年第 27 期。

张永霞:《中国农业生产率测算及实证研究》，中国农业科学院博士学位论文，2006 年。

张云华、马九杰、孔祥智:《农户采用无公害和绿色农药行为的影响因素分析——对山西、陕西和山东 15 县（市）的实证分析》,《中国农村经济》2004 年第 1 期。

赵英霞:《基于食品安全的农业全产业链模式研究》,《中国市场》2012 年第 36 期。

郑京海、胡鞍钢、A. Bigsten:《中国的经济增长能否持续？——一个生产率视角》,《经济学》（季刊）2008 年第 3 期。

郑京海、胡鞍钢:《中国改革时期省际生产率增长变化的实证分析（1979—2001 年）》,《经济学》（季刊）2005 年第 1 期。

周德翼、杨海娟:《食物质量安全管理中的信息不对称与政府监管机制》,《中国农村经济》2002 年第 6 期。

周端明:《技术进步、技术效率与中国农业生产率增长——基于 DEA 的实证分析》,《数量经济技术经济研究》2009 年第 12 期。

周涵:《我国农民人均收入的影响因素分析》,《黑龙江粮食》2021 年第 2 期。

朱喜、史清华、盖庆恩:《要素配置扭曲与农业全要素生产率》,《经济研究》2011 年第 5 期。

二 英文文献

Adamopoulos T , Brandt L , Leight J , “Misallocation, Selection and Productivity: A Quantitative Analysis with Panel Data from China”, *Econometrica*, 2022, 90(3):1261-1282.

Aik J, Turner R M, Kirk M D, et al. , “Evaluating Food Safety Management Systems in Singapore: A Controlled Interrupted Time-series Analysis of Foodborne Disease Outbreak Reports”, *Food Control*, 2020, 117:107324.

Aoki M, Yoshikawa H, “The Nature of Equilibrium in Macroeconomics: A Critique of Equilibrium Search Theory”, *Social Science Electronic Publishing*, 2008, 3(2009-37):622-624.

Aoki S , “A Simple Accounting Framework for the Effect of Resource Misallocation on Aggregate Productivity”, *Journal of the Japanese & International Economies*, 2012, 26(4):473-494.

Bachke M E , “Do Farmers’ Organizations Enhance the Welfare of Smallholders? Findings from the Mozambican National Agricultural Survey”, *Food Policy*, 2019, 89: 101792.

Baležentis T , Li T X, Chen X L , “Has Agricultural Labor Restructuring Improved Agricultural Labor Productivity in China? A Decomposition Approach”, *Socio-Economic Planning Sciences*, 2021, 76(1):100967.

Banerjee A V , Duflo E , “Growth Theory through the Lens of Development Economics”, *SSRN Electronic Journal*, 2004, DOI:10.2139.

Banerjee A V , Moll B , “Why Does Misallocation Persist?”, *American Economic Journal Macroeconomics*, 2010, 2(1):189-206.

Bartelsman E , “ICT, Reallocation and Productivity”, *Eric Bartelsman*, 2013:1-38.

Cai Y , Golub A A , Hertel T W , “Agricultural Research Spending Must Increase in Light of Future Uncertainties”, *Food Policy*, 2017, 70:71-83.

Chen C R , Diego R , Raul S L , “The Effects of Land Markets on Resource Allocation and Agricultural Productivity”, *Review of Economic Dynamics*, 2022, 45: 41-54.

Chen L J , Hu S W, Wang V , et al. , “The Effects of Purchasing and Price Subsidy Policies for Agricultural Products under Target Zones”, *Economic Modelling*, 2014, 43: 439-447.

Dollar D , Wei S J , “Das (Wasted) Kapital: Firm Ownership and Investment Efficiency in China”, *Imf Working Papers*, 2007,7: 13103.

Epifani P, Gancia G, “Trade, Markup Heterogeneity and Misallocations”, *Journal of International Economics*, 2011, 83(1):1-13.

Fuglie K , “R & D Capital, R & D Spillovers, and Productivity Growth in World Agriculture”, *Applied Economic Perspectives and Policy*, 2018, 40(3):421-444.

Guner N , Ventura G , Xu Y D , “Macroeconomic Implications of Size-dependent Policies”, *Review of Economic Dynamics*, 2008, 11(4):721-744.

Hayami Y , Ruttan V W , “Factor Prices And Technical Change In Agricultural Development: The United States And Japan, 1880 —1960”, *Journal of Political Economy*, 1970, 78(5):1115-1141.

Hsieh C T , Klenow P J , “Development Accounting”, *American Economic Journal Macroeconomics*, 2010, 2(1):207-223.

Hsieh C T , Klenow P J , “Misallocation and Manufacturing TFP in China and India”, *MPRA Paper*, 2007, 124(4):1403-1448.

Jespersen L , Wallace C A , “Triangulation and the Importance of Establishing Valid Methods for Food Safety Culture Evaluation”, *Food Research International*, 2017, 100(Pt 1):244-253.

Jorgenson D , Gollop F , Fraumeni B , *Productivity and U.S. Economic Growth*, Cambridge:Harvard University Press, 1987.

Kalemli-Ozcan S , Sørensen B E , “Misallocation, Property Rights, and Access to Finance: Evidence from within and Across Africa”, *Cepr Discussion Papers*, 2014:183-211.

Lambert D K , Parker E , “Productivity in Chinese Provincial Agriculture”, *Journal of Agricultural Economics*, 1998, 49(3):378-392.

Lawrence R Z , Weinstein D E , “Trade and Growth: Import Led or Export Led? Evidence from Japan and Korea”, *NBER Working Paper Series*, 1999:10.3386.

Lin J Y, “Rural Reforms and Agricultural Growth in China”, *The American Economic Review*, 1992, 82(1):34-51.

Mcmillan J , Whalley J , Zhu L , “The Impact of China’s Economic Reforms on Agricultural Productivity Growth”, *Journal of Political Economy*, 1989, 97(4):781-807.

Petrin A , Poi B P , Levinsohn J , “Production Function Estimation in Stata Using Inputs to Control for Unobservables”, *Stata Journal*, 2004, 4(2):113-123.

Restuccia D , Rogerson R , “Misallocation and Productivity”, *Review of Economic Dynamics*, 2013, 16(1): 1-10.

Restuccia D , Yang D T , Zhu X , "Agriculture and Aggregate Productivity: A Quantitative Crosscountry Analysis", *Journal of Monetary Economics*, 2008, 55(2):234-250.

Rosegrant M W , Evenson R E , "Agricultural Productivity and Sources of Growth in South Asia", *American Journal of Agricultural Economics*, 1992, 74(3):757-761.

Rouba H , "Functions of the Food-processing Industry in Promoting the Development of Agricultural Regions in Poland", *European Review of Agricultural Economics*, 1983, 10(3):249-269.

Shi X , "Heterogeneous Effects of Rural-urban Migration on Agricultural Productivity: Evidence from China", *China Agricultural Economic Review*, 2018, 10(3):482-497.

Solow R M , "Technical Change and the Aggregate Production Function", *Review of Economics and Statistics*, 1957, 39(3):312-320.

Wang J , Wailes E J , Cramer G L , "A Shadow-price Frontier Measurement of Profit Efficiency in Chinese Agriculture", *American Journal of Agricultural Economics*, 1996, 78(1):146-156.